Easy 시리즈 22

쉽게 배워 폼나게 활용하는

파워포인트 2016

PowerPoint 2016

2016

IT연구회

해당 분야의 IT 전문 컴퓨터학원과 전문가 선생님들이 최선의 책을 출간하고자 만든 집필/감수 전문연구회로서, 수년간의 강의 경험과 노하우를 수험생 여러분에게 전달하고자 최선을 다하고 있습니다.

IT연구회에 참여를 원하시는 선생님이나 교육기관은 ccd770@hanmail.net으로 언제든지 연락주십시오. 좋은 교재를 만들기 위해 많은 선생님들의 참여를 부탁드립니다.

권경철_IT 전문강사	김경화_IT 전문강사	김선숙_IT 전문강사
김수현_IT 전문강사	김 숙_IT 전문강사	김시령_IT 전문강사
김현숙_IT 전문강사	남궁명주_IT 전문강사	노란주_IT 전문강사
류은순_IT 전문강사	민지희_IT 전문강사	문경순_IT 전문강사
박봉기_IT 전문강사	박상휘_IT 전문강사	박은주_IT 전문강사
문현철_IT 전문강사	백천식_IT 전문강사	변진숙_IT 전문강사
송기웅_IT 및 SW전문강사	송희원_IT 전문강사	신동수_IT 전문강사
신영진_신영진컴퓨터학원장	윤정아_IT 전문강사	이강용_IT 전문강사
이은미_IT 및 SW전문강사	이천직_IT 전문강사	임선자_IT 전문강사
장명희_IT 전문강사	장은경_ITQ 전문강사	장은주_IT 전문강사
전미정_IT 전문강사	조영식_IT 전문강사	조완희_IT 전문강사
조정례_IT 전문강사	차영란_IT 전문강사	최갑인_IT 전문강사
최은영_IT 전문강사	황선애_IT 전문강사	김건석_교육공학박사
김미애_강릉컴퓨터교육학원장	은일신_충주열린학교 IT 전문강사	양은숙_경남도립남해대학 IT 전문강사
엄영숙_권선구청 IT 전문강사	옥향미_인천여성의광장 IT 전문강사	이은직_인천대학교 IT 전문강사
조은숙_동안여성회관 IT 전문강사	최윤석_용인직업전문교육원장	홍효미_다산직업전문학교

BM (주)도서출판 **성안당**

Easy 시리즈 ㉒ 쉽게 배워 돋보이게 활용하는

파워포인트 2016
PowerPoint 2016

2020.　8.　3. 초 판 1쇄 발행
2022.　1.　5. 초 판 2쇄 발행
2023.　8. 30. 초 판 3쇄 발행

지은이 │ 박현수
펴낸이 │ 이종춘
펴낸곳 │ [BM] ㈜도서출판 **성안당**
주소 │ 04032 서울시 마포구 양화로 127 첨단빌딩 3층(출판기획 R&D 센터)
　　　│ 10881 경기도 파주시 문발로 112 파주 출판 문화도시(제작 및 물류)
전화 │ 02) 3142-0036
　　　│ 031) 950-6300
팩스 │ 031) 955-0510
등록 │ 1973. 2. 1. 제406-2005-000046호
출판사 홈페이지 │ www.cyber.co.kr
내용 문의 │ itarori@gmail.com
ISBN │ 978-89-315-5625-4 (13000)
정가 │ 16,000원

이 책을 만든 사람들
책임 │ 최옥현
진행 │ 최창동
본문 디자인 │ 인투
표지 디자인 │ 박원석
홍보 │ 김계향, 유미나, 정단비, 김주승
국제부 │ 이선민, 조혜란
마케팅 │ 구본철, 차정욱, 오영일, 나진호, 강호묵
마케팅 지원 │ 장상범
제작 │ 김유석

www.cyber.co.kr
성안당 Web 사이트

■ **도서 A/S 안내**

성안당에서 발행하는 모든 도서는 저자와 출판사, 그리고 독자가 함께 만들어 나갑니다.
좋은 책을 펴내기 위해 많은 노력을 기울이고 있습니다. 혹시라도 내용상의 오류나 오탈자 등이 발견되면 **"좋은 책은 나라의 보배"**로서 우리 모두가 함께 만들어 간다는 마음으로 연락주시기 바랍니다. 수정 보완하여 더 나은 책이 되도록 최선을 다하겠습니다.
성안당은 늘 독자 여러분들의 소중한 의견을 기다리고 있습니다. 좋은 의견을 보내주시는 분께는 성안당 쇼핑몰의 포인트(3,000포인트)를 적립해 드립니다.
잘못 만들어진 책이나 부록 등이 파손된 경우에는 교환해 드립니다.

쉽게 배워 폼나게 활용하는(Easy) 시리즈는 컴퓨터 초보자를 위한 도서로서, 일선에서 활동하고 계시는 여러 선생님들이 집필에 직접 참여하시거나 제작 과정에 참여하시어 보다 좋은 내용의 교재로 출간되었습니다. 가장 쉽게 효율적으로 학습할 수 있도록 내용을 충실히 수록하였으며, 큰 글씨와 큰 그림으로 학습하시는데 전혀 불편함이 없도록 구성하였습니다.

쉽게 배워 폼나게 활용하는 시리즈는 다음과 같은 특징을 가지고 있습니다.

첫째, 전국컴퓨터교육협의회 공식 추천도서

전국의 IT 교육을 책임지는 컴퓨터학원 모임인 전국컴퓨터교육협의회에서 도서의 내용과 구성 등에 참여하였고, 전국의 많은 컴퓨터학원에서 본 도서를 기본 교재로 추천하여 사용하고 있습니다.

둘째, 실용적인 예제

실생활에서 활용할 수 있는 기능들을 따라하기 해설로 자세하게 설명하였습니다. 또한, 가독성을 높이기 위해 최대한 큰 글씨와 큰 그림으로 편집되었기에 학습에 전혀 불편함이 없습니다.

셋째, 혼자 풀어보기

본문에서 설명한 기능들을 유사한 연습문제를 통해 반복학습 할 수 있게 하여 기능을 쉽게 배울 수 있도록 하였습니다.

넷째, 무료 동영상 강의 및 예제/완성 파일

본문의 전체적인 내용을 저자가 직접 동영상으로 강의하여 책 속의 내용을 쉽게 배울 수 있도록 하였습니다. 무료 동영상 강의는 성안당 도서몰 홈페이지(https://www.cyber.co.kr/book/)의 [자료실]-[자료실]에서 다운로드하여 학습할 수 있으며, 스마트폰으로도 학습할 수 있습니다.

DOWNLOAD
자 료
다 운 로 드

Easy 시리즈의 예제/완성 파일과 무료 동영상 강의 파일은 성안당 도서몰 사이트(https://www.cyber.co.kr/book/)에서 다운로드합니다.

① 'https://www.cyber.co.kr/book/'에 접속하여 로그인(아이디/비밀번호 입력)한 후 [자료실]을 클릭합니다.

② 「easy」를 입력하고 검색한 후 도서 제목((easy 22) 쉽게 배워 폼나게 활용하는 파워포인트 2016)을 클릭합니다.

③ 「315-5625」압축 파일을 클릭하여 다운로드합니다. 로그인을 하지 않으면 해당 파일이 보이지 않습니다.

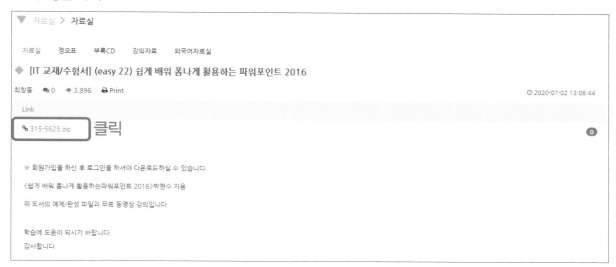

④ 다운로드한 압축 파일은 [다운로드]에서 확인합니다. 다운로드한 파일을 바탕화면이나 임의의 경로로 이동한 후 마우스 오른쪽 버튼을 클릭하여 [압축 풀기] 메뉴로 압축을 해제합니다. 압축을 해제하면 [1장]~[10장] 폴더에는 학습에 필요한 예제 파일과 완성 파일이 있으며, [동영상강의] 폴더에는 1장~10장 본문의 학습 내용을 저자 직강 동영상 강의로 학습할 수 있습니다.

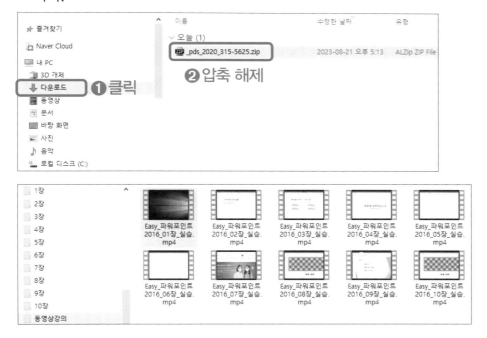

CONTENTS

목차

[자료 다운로드]

성안당 홈페이지(www.cyber.co.kr)-[자료실]
- 무료 동영상 강의
- 예제/완성 파일

파워포인트 2016 시작하기

01장

파워포인트는 어떠한 내용을 다른 사람에게 효과적으로 전달하기 위해 글자뿐만 아니라 그림과 도형 등을 활용하여 쉽게 편집하는 프레젠테이션(Presentation) 프로그램입니다. 이번 장에서는 파워포인트 2016으로 문서를 작성하고 저장하는 방법에 대해 살펴보겠습니다.

완성파일 미리보기

무료 동영상

◎ 예제 파일 : 01-올해의 계획.pptx
◉ 완성 파일 : 01-올해의 계획-완성.pptx

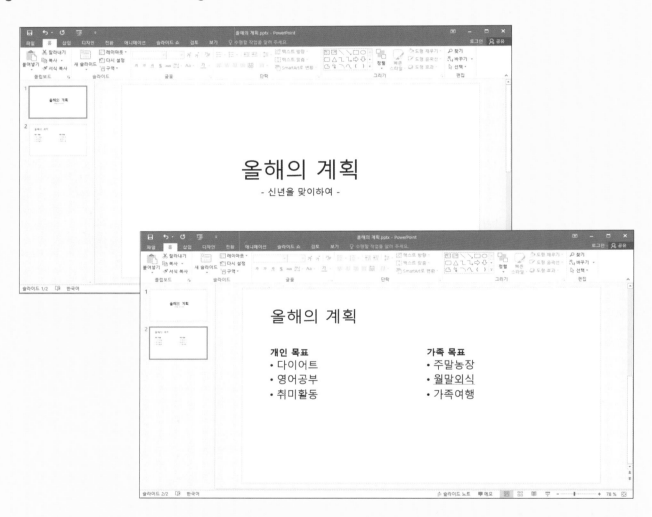

체크포인트

실습1 파워포인트 2016을 실행하여 기본 화면 구성을 살펴보고 종료해 봅니다.

실습2 제목 슬라이드와 내용 슬라이드를 작성하고 파일을 저장해 봅니다.

실습3 슬라이드를 복사하고 이동 및 삭제해 봅니다.

파워포인트 2016 시작하고 종료하기

파워포인트 2016은 [시작] 메뉴에 등록된 프로그램 목록이나 바탕화면의 바로가기 아이콘을 이용하여 시작할 수 있습니다. 이번 장에서는 프로그램을 실행하여 기본적인 슬라이드를 작성한 후 파일 저장 및 종료하는 방법에 대해 살펴봅니다.

파워포인트 실행하기

1 윈도우 10에서 [시작] – [모든 앱] – [PowerPoint 2016]을 클릭합니다.

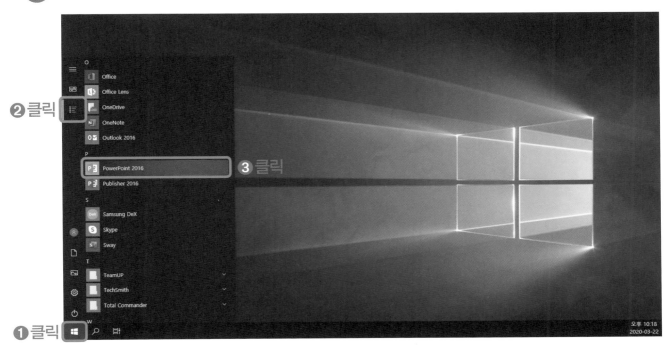

TIP 윈도우 10의 시작 화면에 파워포인트 2016 등록하기

시작 메뉴에 있는 [PowerPoint 2016]을 마우스 오른쪽 단추로 클릭하고 [시작 화면에 고정]을 클릭하면 시작 화면에 등록된 [PowerPoint 2016] 아이콘을 클릭하여 바로 실행할 수 있습니다.

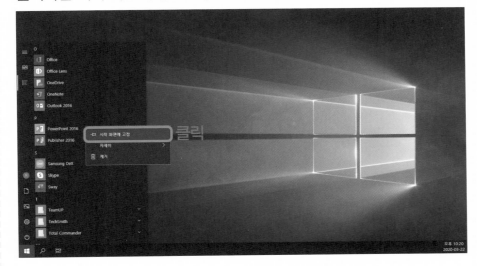

2 파워포인트 2016이 실행되면, 최근 항목을 열었던 문서를 열거나 디자인 서식을 선택하는 화면이 나타나면 [새 프레젠테이션]을 클릭합니다.

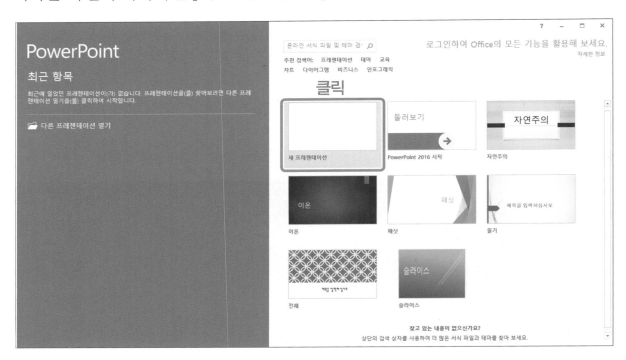

파워포인트 화면 구성

3 '프레젠테이션1'이라는 새 파워포인트 문서가 나타납니다. 우선 파워포인트의 기본적인 화면 구성에 대해 살펴봅니다.

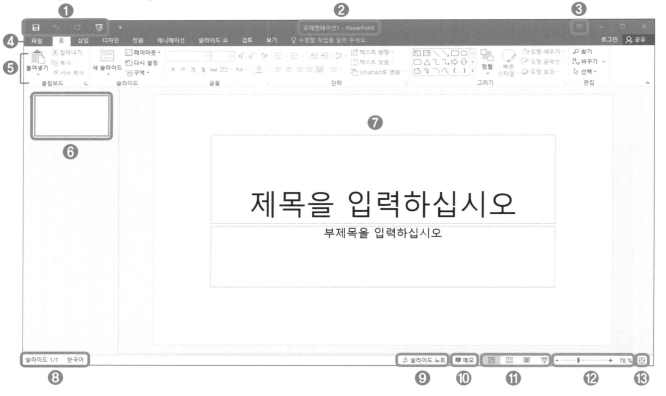

❶ 빠른 실행 도구 모음 : 자주 사용하는 명령을 등록하여 사용합니다.

❷ 제목 표시줄 : 파워포인트 문서의 제목이 표시됩니다.

❸ 리본 메뉴 표시 옵션 : 리본 메뉴를 자동으로 숨기거나 탭만 표시 또는 탭 및 명령 표시 등을 설정합니다.

❹ [파일] 탭 : 문서를 새로 만들거나 열기, 저장, 인쇄, 공유, 내보내기 등을 할 수 있으며, 사용자 계정과 파워포인트 옵션 등을 설정할 수 있습니다.

❺ 리본 메뉴 : 문서 작업의 종류에 따라 명령 아이콘들을 도구 모음으로 모아놓은 곳입니다.

❻ 축소판 그림 창 : 현재 문서에 포함된 여러 장의 슬라이드를 축소하여 보여줍니다.

❼ 슬라이드 창 : 현재 선택한 슬라이드 문서를 작성하고 편집하는 작업 공간입니다.

❽ 상태 표시줄 : 현재 작성하고 있는 슬라이드의 번호와 언어 등을 표시합니다.

❾ 슬라이드 노트 창 : 클릭하면 슬라이드의 추가 설명이나 발표 내용 등을 입력하는 창이 아래쪽에 표시됩니다.

❿ 메모 : 클릭하면 슬라이드의 메모를 입력하는 창이 오른쪽에 표시됩니다.

⓫ 화면 보기 : 현재 보기 상태인 [기본] 보기와 [여러 슬라이드] 보기, [읽기용] 보기, [슬라이드 쇼] 보기를 선택합니다.

⓬ 확대/축소 : 슬라이더를 드래그하여 크게 또는 작게 보거나 화면 비율을 설정할 수 있습니다.

⓭ 창 크기 맞춤 : 슬라이드를 현재 창 크기에 맞춥니다.

파워포인트 종료하기

4 파워포인트를 종료하려면 제목 표시줄 오른쪽의 [닫기 ✖] 단추를 클릭하거나 [파일] 탭을 클릭한 후 [닫기]를 클릭합니다.

클릭

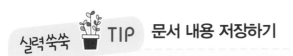
만약 슬라이드에 내용을 입력 및 수정하고 저장하지 않은 상태에서 파워포인트를 닫으면 문서의 내용을 저장하라는 창이 나타납니다. 이런 경우 [저장] 단추를 클릭하고 14쪽과 같이 문서를 저장한 후 닫아야 합니다.

실습2 기본 슬라이드 작성하고 저장 및 열기

파워포인트 문서는 여러 장의 슬라이드로 구성되는데, 일반적으로 첫 번째 슬라이드는 제목을 입력하고, 두 번째 슬라이드부터 본문 내용을 입력합니다. 이번 장에서는 간단하게 두 장의 슬라이드로 된 파워포인트 문서를 작성하고 문서를 저장해 봅니다.

기본 슬라이드 작성하기

1 파워포인트를 실행하면 첫 번째 슬라이드로 제목 슬라이드가 표시됩니다. 위쪽의 제목 텍스트 상자를 클릭한 후 제목을 입력하고, 아래쪽의 부제목 텍스트 상자를 클릭합니다.

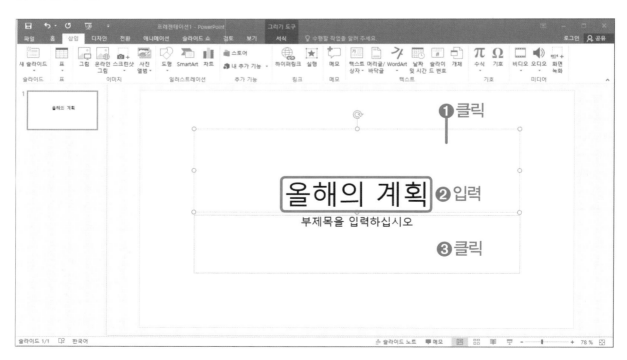

2 부제목을 입력하고 슬라이드를 추가하기 위해 [삽입] 탭 – [슬라이드] 그룹에서 [새 슬라이드 🖼️]를 클릭합니다.

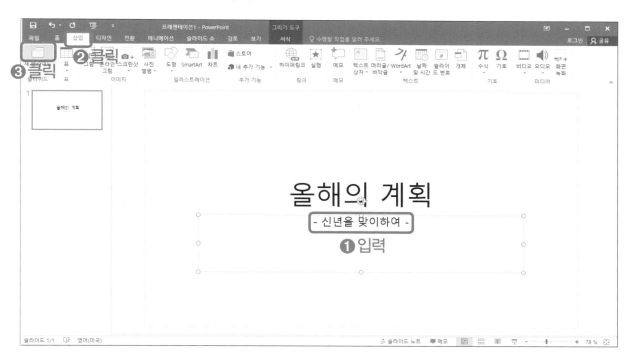

3 제목 및 내용 슬라이드가 추가됩니다. 위쪽의 제목 텍스트 상자를 클릭하고 제목을 입력합니다.

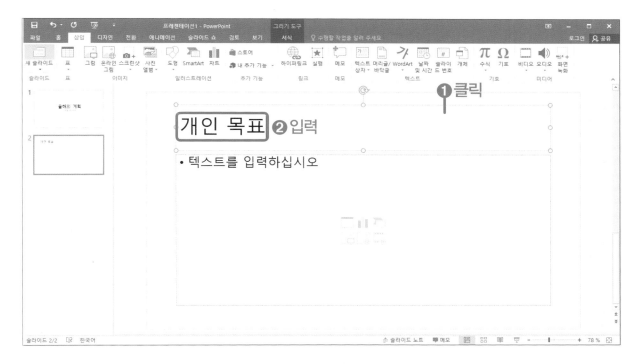

슬라이드 저장하기

❹ 아래쪽의 텍스트 상자를 클릭하고 내용을 입력합니다. 슬라이드를 저장하기 위해 빠른 실행 도구 모음에서 [저장 💾]을 클릭합니다.

❸ 클릭

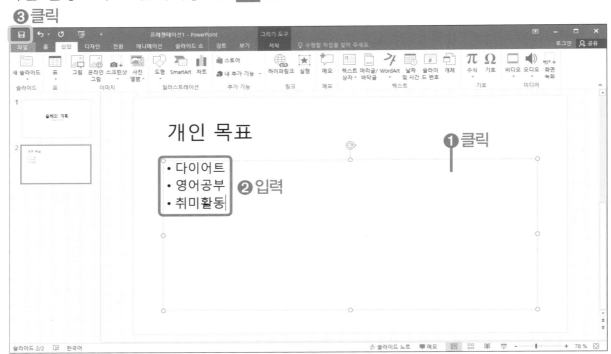

실력쑥쑥 🌱 TIP **슬라이드 저장하기**

슬라이드를 저장하는 또 다른 방법은 메뉴를 이용하는 것으로 [파일] 탭–[저장] 또는 [다른 이름으로 저장]을 클릭한 후 [찾아보기]를 클릭하여 경로를 설정하고 파일명을 입력합니다.

❺ [다른 이름으로 저장] 대화상자가 나타나면 '저장 위치'에서 '문서'를 선택하고, '파일 이름'에 **"올해의 계획"**을 입력한 후 [저장] 단추를 클릭합니다.

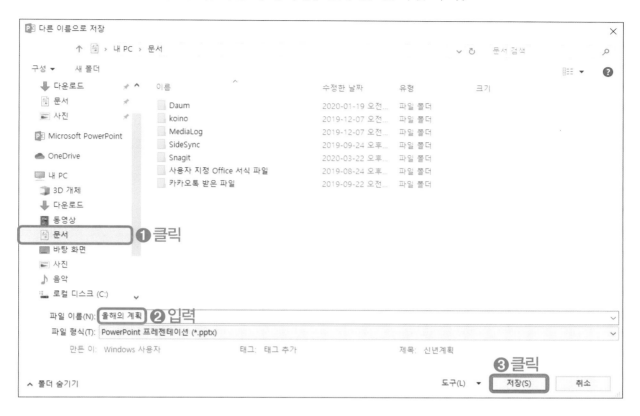

❻ 파워포인트 파일이 저장되면 제목 표시줄에 **"올해의 계획"**이라고 파일명이 표시됩니다. 파워포인트를 종료하려면 [닫기 ❎]를 클릭합니다.

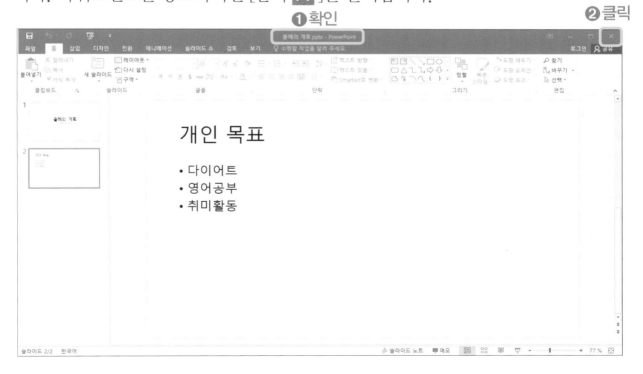

⑦ 다시 파워포인트를 실행한 후 [다른 프레젠테이션 열기]를 클릭합니다. 이미 파워포인트를 실행한 경우에는 [파일] 탭을 클릭합니다.

실력쑥쑥 TIP **최근 항목 고정시키기**

[최근 항목]에 표시된 문서를 클릭하여 문서를 열 수 있습니다. 자주 사용하는 문서인 경우에는 [이 항목을 목록에 고정]을 클릭하여 고정시킨 후 문서를 빠르게 열 수 있습니다.

⑧ [파일] 탭 화면이 나타나면 [열기]를 클릭한 후 [찾아보기]를 클릭합니다.

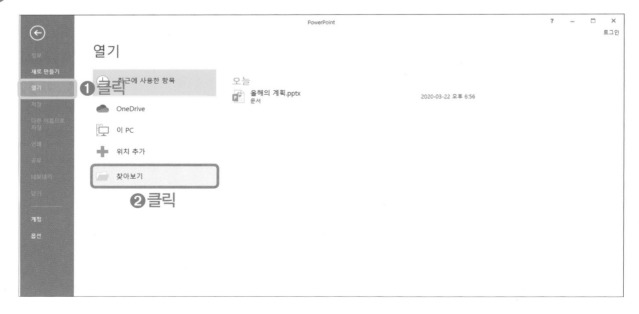

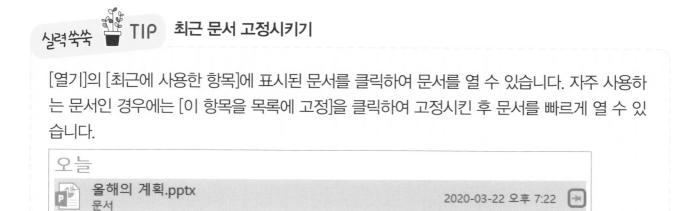

[열기]의 [최근에 사용한 항목]에 표시된 문서를 클릭하여 문서를 열 수 있습니다. 자주 사용하는 문서인 경우에는 [이 항목을 목록에 고정]을 클릭하여 고정시킨 후 문서를 빠르게 열 수 있습니다.

오늘

올해의 계획.pptx
문서   2020-03-22 오후 7:22 📌

⑨ [열기] 대화상자가 나타납니다. 문서가 저장된 폴더를 선택하고, 파일 이름을 선택한 후 [열기] 단추를 클릭하면 저장한 '올해의 계획' 문서가 열립니다.

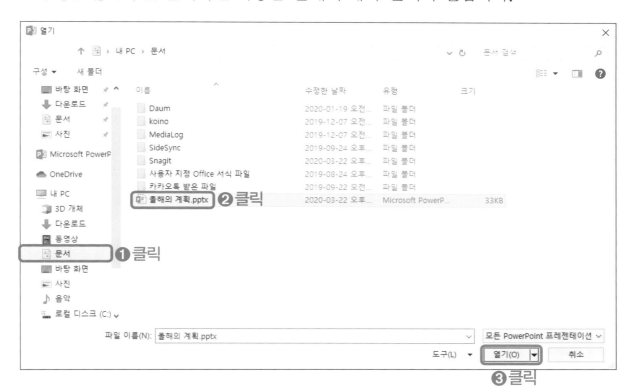

실습 3 슬라이드 이동과 복사, 삭제하기

파워포인트를 처음 실행하면 한 장의 슬라이드만 나타나는데, 내용에 따라 여러 장의 슬라이드를 추가할 수 있습니다. 이번 장에서는 [비교] 레이아웃의 슬라이드를 추가하고, 이동과 복사, 삭제하는 방법에 대해 알아봅니다.

슬라이드 레이아웃 추가하기

1 슬라이드를 추가하려는 이전 슬라이드를 선택하고, [삽입] 탭-[슬라이드] 그룹에서 [새 슬라이드 새 슬라이드]를 클릭합니다.

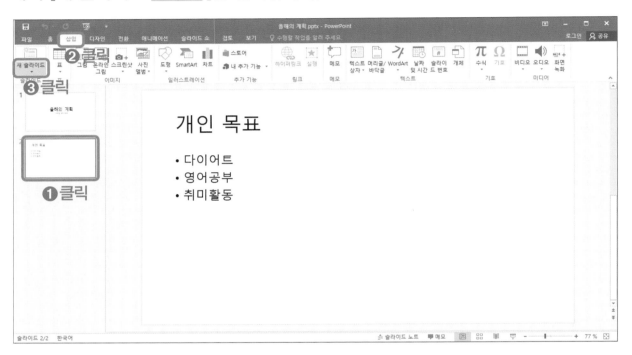

2 다양한 슬라이드 레이아웃이 나타나면 '비교' 테마를 클릭합니다.

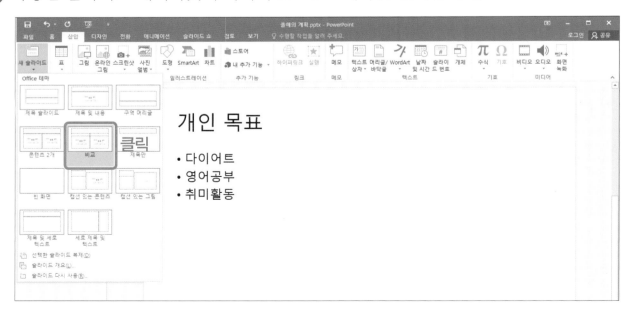

③ 좌우로 비교하기 좋은 레이아웃의 슬라이드가 나타납니다. 위쪽의 텍스트 상자를 클릭하여 내용을 입력합니다.

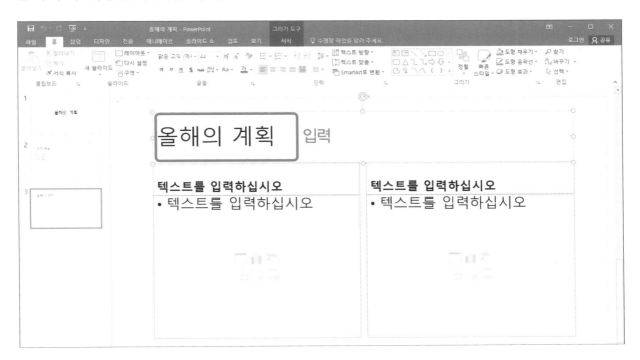

④ 이번에는 오른쪽 텍스트 상자를 클릭하여 나머지 내용도 입력합니다.

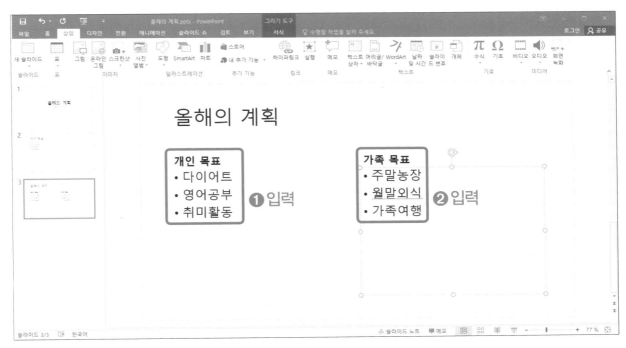

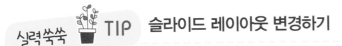 **TIP** 슬라이드 레이아웃 변경하기

화면 왼쪽의 축소판 그림 창에서 슬라이드를 마우스 오른쪽 단추로 클릭(바로가기 메뉴)하고, [레이아웃]을 클릭하면 현재 삽입된 슬라이드의 레이아웃을 변경할 수 있습니다.

슬라이드 이동과 복사하기

⑤ 슬라이드 축소판 그림 창에서 3번 슬라이드를 2번 슬라이드 위쪽으로 드래그합니다.

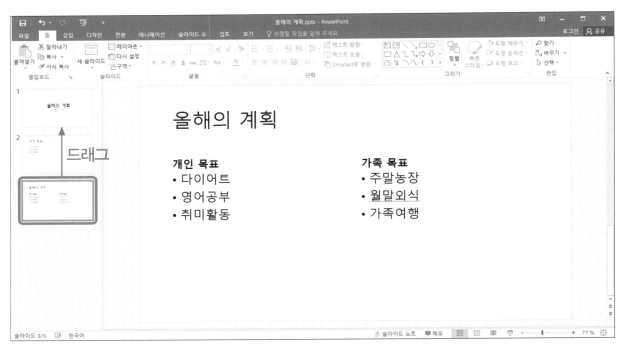

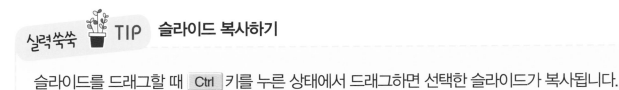

실력쑥쑥 **TIP** **슬라이드 복사하기**

슬라이드를 드래그할 때 Ctrl 키를 누른 상태에서 드래그하면 선택한 슬라이드가 복사됩니다.

⑥ 선택한 슬라이드가 이동됩니다. 슬라이드를 복사하기 위해 [홈] 탭−[클립보드] 그룹에서 [복사]를 클릭합니다.

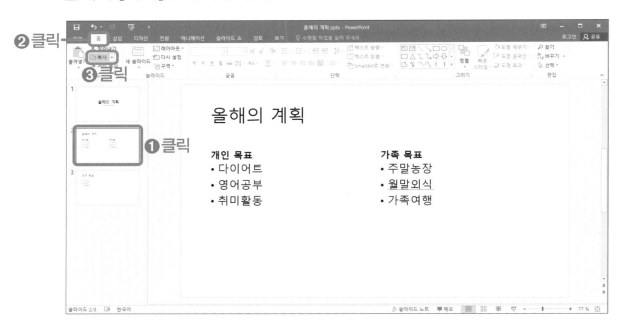

7 슬라이드 축소판 그림 창에서 슬라이드를 삽입하려는 위치를 클릭하고, [홈] 탭-[클립보드] 그룹에서 [붙여넣기 📋]를 클릭합니다.

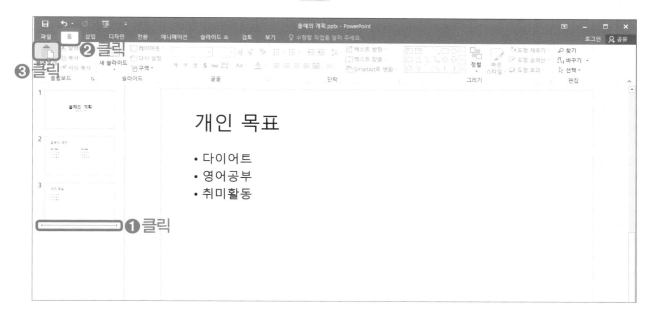

8 3번 슬라이드 아래에 선택한 슬라이드가 복사되어 나타납니다.

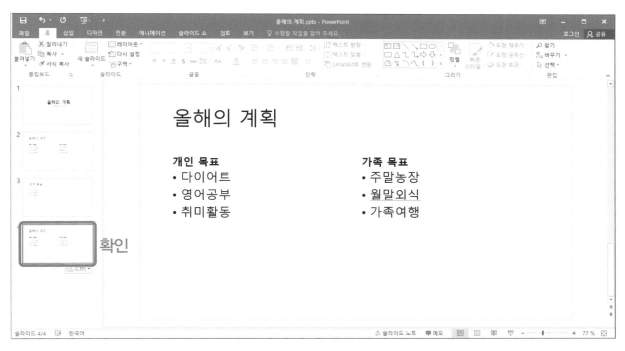

 **TIP** 슬라이드 복제 이용하기

[슬라이드 복제]를 클릭하면 [복사]와 [붙여넣기]를 따로 클릭하지 않고 현재 위치 바로 아래에 바로 복사본을 붙여넣을 수 있습니다.

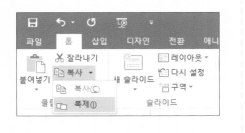

슬라이드 삭제하기

❾ 3번 슬라이드를 클릭하고, `Shift` 키를 누른 상태에서 4번 슬라이드를 클릭하면 두 개의 슬라이드가 선택되는데, 이 상태에서 `Delete` 키를 누릅니다.

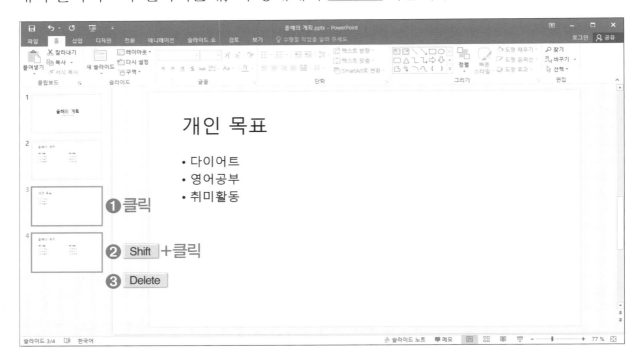

❿ 2개의 슬라이드가 삭제되고 2개의 슬라이드만 남습니다.

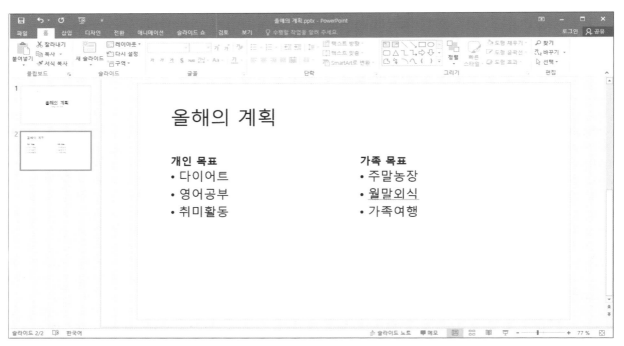

◎ 예제 파일 : 01-신년보고.pptx

◎ 완성 파일 : 01-신년보고-완성.pptx

1 파워포인트를 실행하고 [새 프레젠테이션] 문서를 추가해 보세요.

> **Hint!** 파워포인트가 이미 실행된 경우에는 [파일] 탭-[새로 만들기]를 클릭합니다.

2 첫 번째 슬라이드의 제목 텍스트 상자에 '신년 보고'를, 부제목 텍스트 상자에 ' - 사업 보고 -'를 입력해 보세요.

> **Hint!** 위쪽 텍스트 상자의 '제목을 입력하십시오'를 클릭한 후 제목(신년 보고)을 입력하고, 아래쪽 텍스트 상자의 '부제목을 입력하십시오'를 클릭한 후 ' - 사업 보고 -'를 입력합니다.

3 두 번째 슬라이드로 '비교' 레이아웃의 슬라이드를 추가해 보세요.

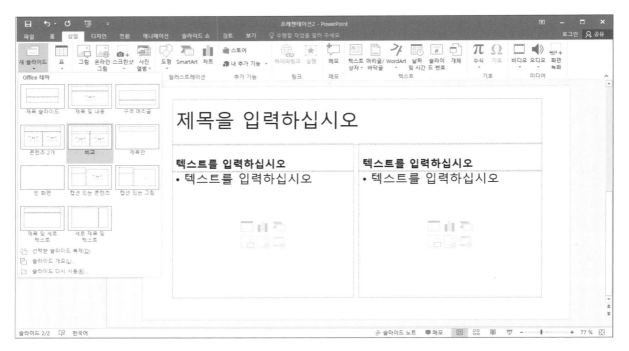

> *Hint!*　[삽입] 탭-[슬라이드] 그룹-[새 슬라이드]의 아래쪽 단추를 클릭한 후 '비교' 테마를 클릭합니다.

4 아래와 같이 내용을 입력한 후 '01-신년보고-완성'이라는 이름으로 저장해 보세요.

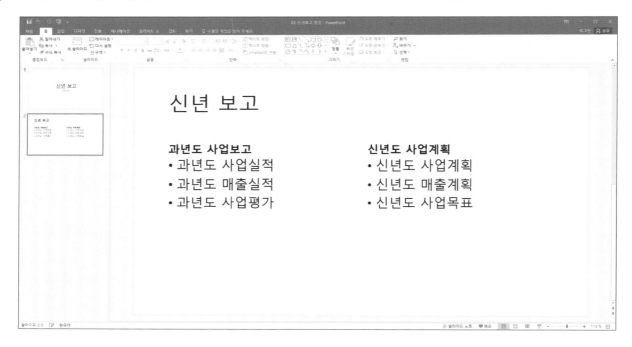

> *Hint!*　[파일] 탭-[다른 이름으로 저장]을 클릭하고, '문서' 폴더에 '신년 보고'라고 입력한 후 [저장]을 클릭합니다.

텍스트 슬라이드 만들기

파워포인트로 내용을 전달하려면 기본적으로 텍스트가 잘 정리되어 있어야 합니다. 이번 장에서는 텍스트 상자에서 텍스트 서식을 변경하고 체계적인 목록으로 정리하는 방법에 대해 살펴보겠습니다.

완성파일 미리보기

무료 동영상

◎ 예제 파일 : 02-자연재해 대응요령.pptx
◉ 완성 파일 : 02-자연재해 대응요령-완성.pptx

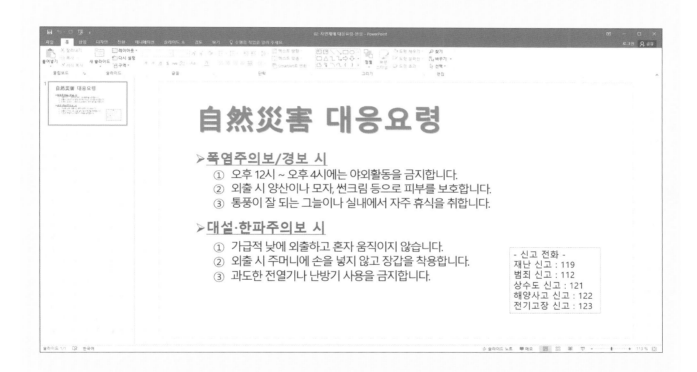

체크포인트

실습1 텍스트 상자에 한글과 한자, 특수 문자를 입력해 봅니다.

실습2 텍스트 서식과 문단 서식을 변경해 봅니다.

실습3 글머리 기호의 목록 수준과 기호를 변경해 봅니다.

실습4 텍스트 상자를 삽입하고 윤곽선을 추가해 봅니다.

텍스트 슬라이드 만들기

제목 및 내용 슬라이드를 이용하면 간단하게 제목과 텍스트를 입력할 수 있습니다.

한자 입력하기

1 슬라이드의 레이아웃을 변경하기 위해 [홈] 탭 – [슬라이드] 그룹에서 [레이아웃
📄 레이아웃 ▾] – [제목 및 내용]을 클릭합니다.

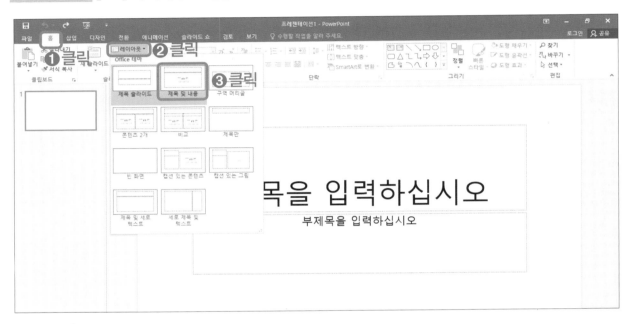

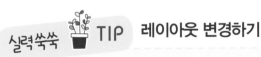 **TIP** 레이아웃 변경하기

[제목 및 내용] 슬라이드는 위쪽에 제목을 입력하고, 아래쪽에는 내용으로 텍스트나 다양한 내용을 삽입할 수 있도록 구분된 레이아웃입니다. 텍스트를 입력하면 자동으로 글머리 기호가 붙으며, 안쪽의 아이콘을 클릭하여 표나 차트, SmartArt 그래픽, 그림, 온라인 그림, 비디오를 삽입할 수 있습니다.

2 위쪽의 제목 텍스트 상자와 아래쪽의 내용 텍스트 상자에 다음과 같이 내용을 입력합니다.

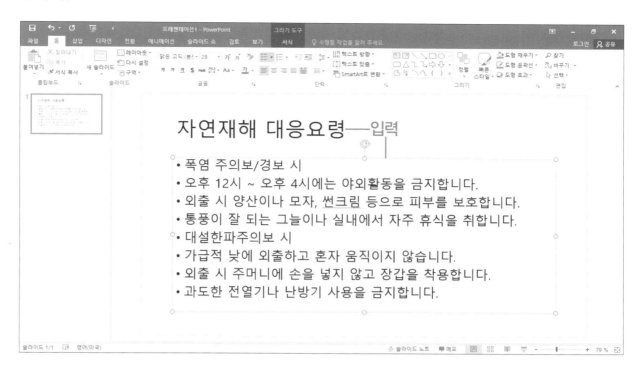

3 한자로 변경할 '자연재해'를 범위로 지정한 후 [검토] 탭-[언어] 그룹에서 [한글/한자 변환]을 클릭합니다.

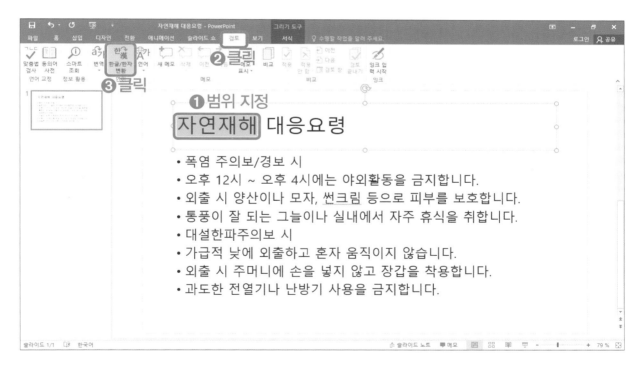

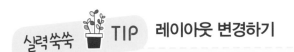
텍스트를 입력 중인 경우 한글 입력 후 바로 [한자] 키를 누르면 바로 앞 글자 또는 앞 단어의 한자 목록이 나타나는데, 여기에서 한자를 선택하여 클릭해도 됩니다.

④ [한글/한자 변환] 대화상자가 나타나면 해당 한자를 선택한 후 [변환] 단추를 클릭합니다.

[한글/한자 변환] 대화상자의 아래에서 [漢字]를 선택하면 한글이 한자로 변환되고, [한글(漢字)]나 [漢字(한글)]을 선택하면 괄호 안에 해당 형태의 한글 및 한자가 입력됩니다.

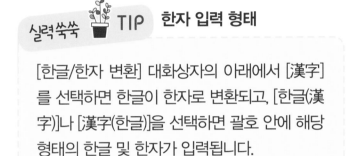

특수문자 입력하기

⑤ 특수문자를 입력할 곳에 커서를 위치시키고, [삽입] 탭-[기호] 그룹에서 [기호]를 클릭합니다.

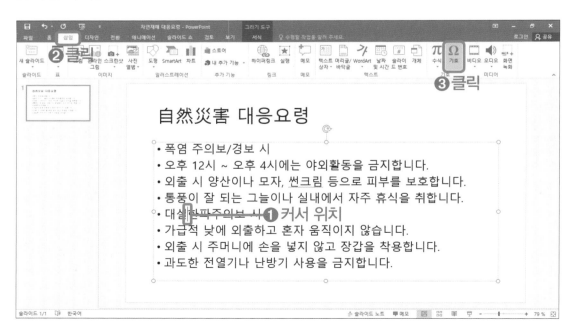

6 [기호] 대화상자가 나타나면 [글꼴]에서 'Windings'를 선택하고, 가운데 점 기호를 선택한 후 [삽입] 단추를 클릭합니다.

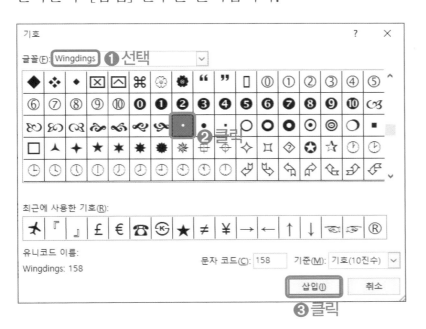

7 해당 위치에 선택한 특수문자가 삽입됩니다.

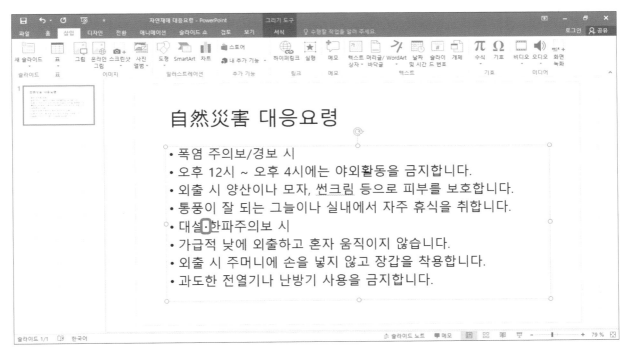

한글 자음 'ㅁ'을 입력한 후 한자 키를 누르면 자음에 속한 특수 문자 목록이 나타나는데, [보기 변경 »]을 클릭한 후 원하는 특수 문자를 삽입할 수 있습니다.

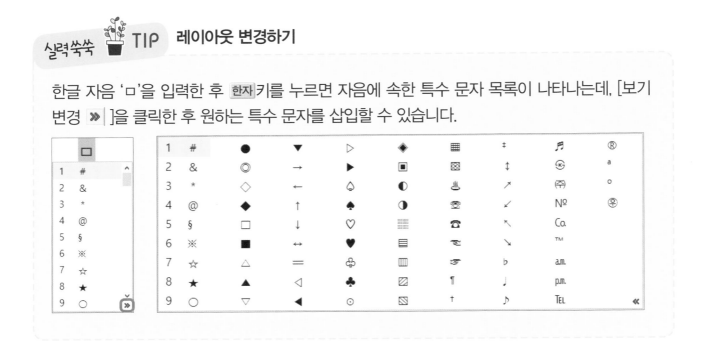

실습 2 텍스트 서식 변경하기

글꼴 크기나 속성, 색, 문단 간격 등을 변경하면 텍스트를 깔끔하게 정리할 수 있습니다.

글꼴 서식 변경하기

1 서식을 변경할 텍스트를 드래그하여 선택한 후 [홈] 탭-[글꼴] 그룹에서 '글꼴 크기 : 60pt'를 선택합니다.

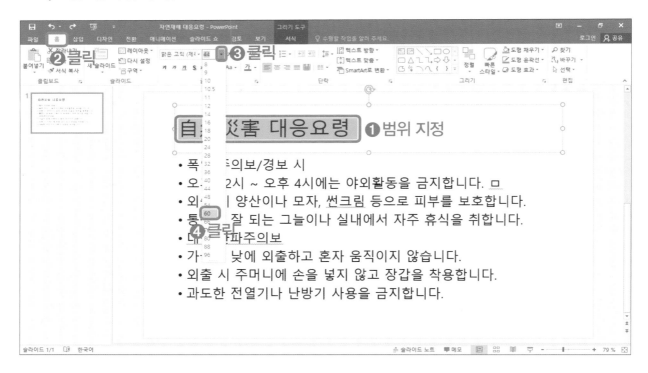

2 텍스트가 선택된 상태에서 '굵게 **가** ', '텍스트 그림자 **S** '를 클릭하고, 한 후 [글꼴 색 **가**]-[녹색]을 클릭합니다.

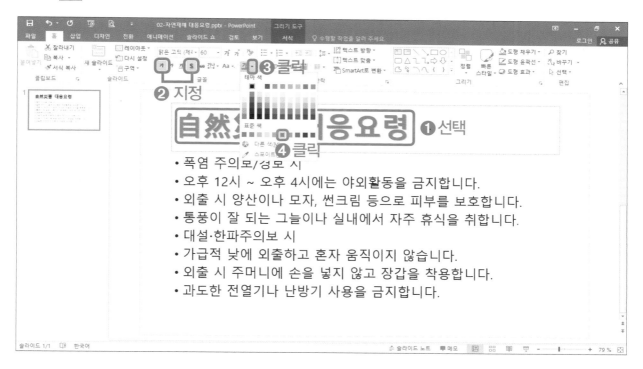

3 내용의 첫 번째 줄을 선택하고 [홈] 탭-[글꼴] 그룹에서 '굵게 **가** '와 '밑줄 **가** ', [글꼴 색 **가**]-[진한 빨강]을 클릭합니다.

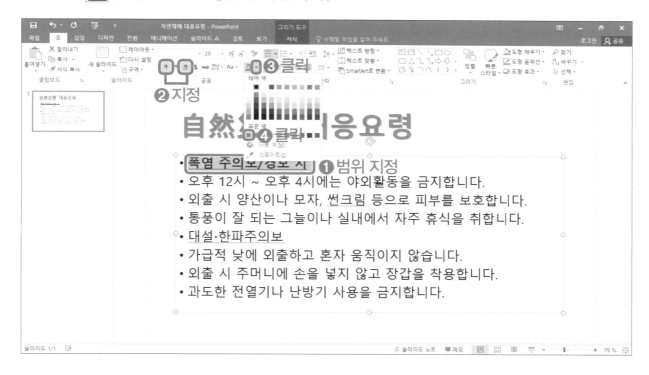

④ 같은 방법으로 내용의 네 번째 줄을 선택하고 [홈] 탭 – [글꼴] 그룹에서 '굵게 가'
와 '밑줄 가', [글꼴 색 가] – [파랑]을 클릭합니다.

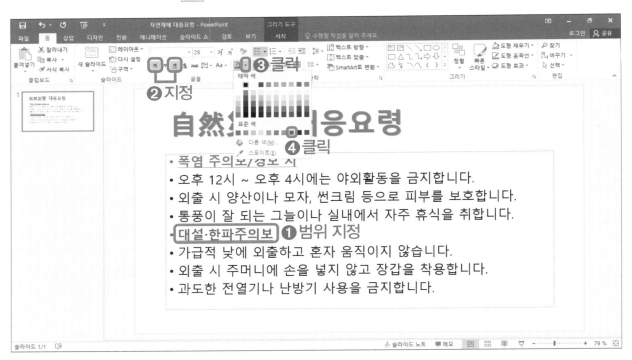

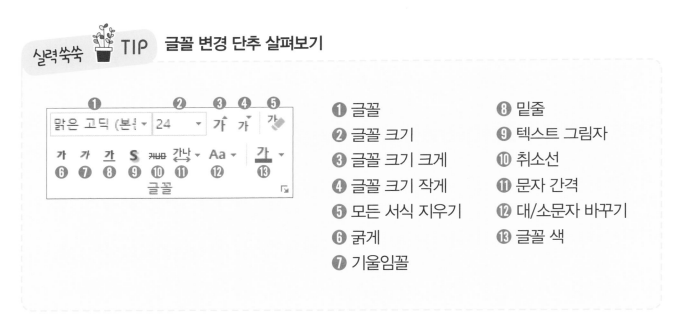

실력쑥쑥 TIP 글꼴 변경 단추 살펴보기

❶ 글꼴
❷ 글꼴 크기
❸ 글꼴 크기 크게
❹ 글꼴 크기 작게
❺ 모든 서식 지우기
❻ 굵게
❼ 기울임꼴

❽ 밑줄
❾ 텍스트 그림자
❿ 취소선
⓫ 문자 간격
⓬ 대/소문자 바꾸기
⓭ 글꼴 색

문단 간격과 줄 간격 조절하기

5 내용의 두 번째 줄부터 세 번째 줄까지 선택하고, [홈] 탭-[글꼴] 그룹에서 [문자 간격 ꭖꭏ▾]-[매우 좁게]를 클릭합니다.

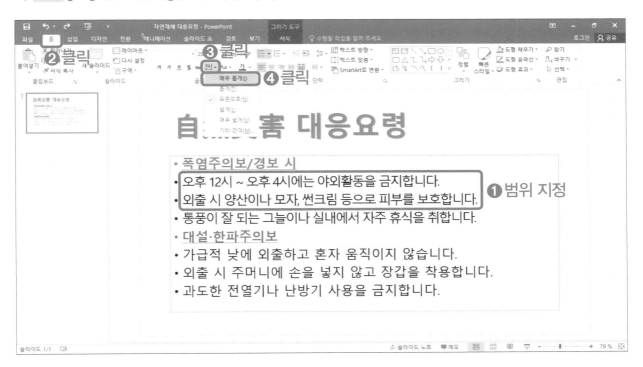

6 세 번째 줄과 네 번째 줄의 간격을 넓히기 위해 네 번째 줄에 커서를 위치하고, [줄 간격 ≜▾]-[1.5]를 클릭합니다.

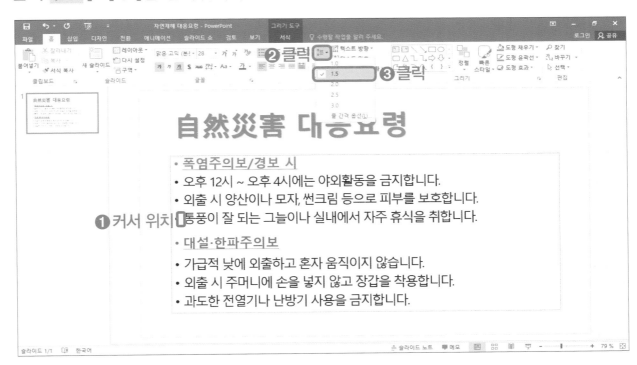

글머리 기호 변경하기

글머리 기호를 이용하면 목록을 체계적으로 정리할 수 있으며, 다른 기호나 숫자 등으로 변경할 수 있습니다.

목록 수준 변경하기

1 목록을 더 들여쓰기 위해 두 번째 줄부터 마지막 줄까지 드래그하여 선택하고 [홈] 탭-[단락] 그룹에서 [목록 수준 늘림 ▤]을 클릭합니다.

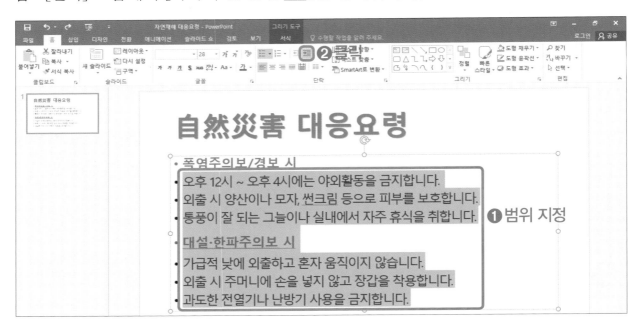

2 다섯 번째 줄만 다시 내어쓰기 위해 다섯 번째 줄만 선택하고 [홈] 탭-[단락] 그룹에서 [목록 수준 줄임 ▤]을 클릭합니다.

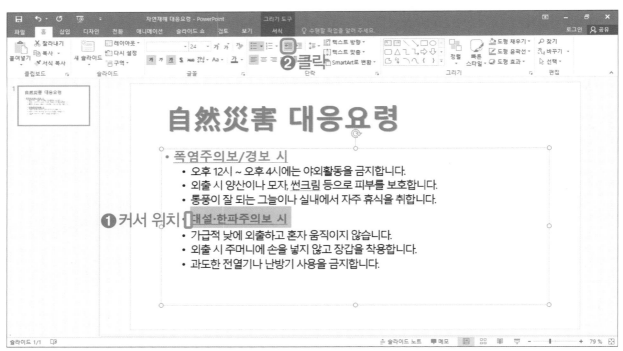

번호 매기기

③ 두 번째 줄부터 네 번째 줄까지 선택한 후 [홈] 탭 – [단락] 그룹에서 [번호 매기기] – [원 숫자]를 클릭합니다.

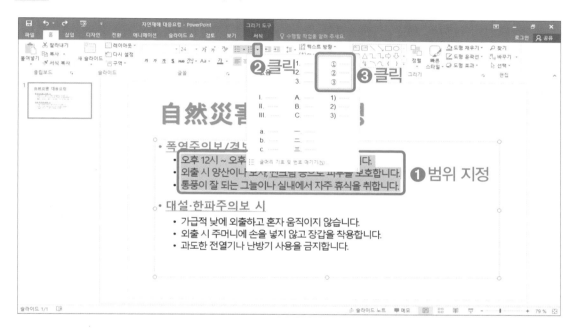

④ 같은 방법으로 여섯 번째 줄부터 여덟 번째 줄까지 선택한 후 [홈] 탭 – [단락] 그룹에서 [번호 매기기] – [원 숫자]를 클릭합니다.

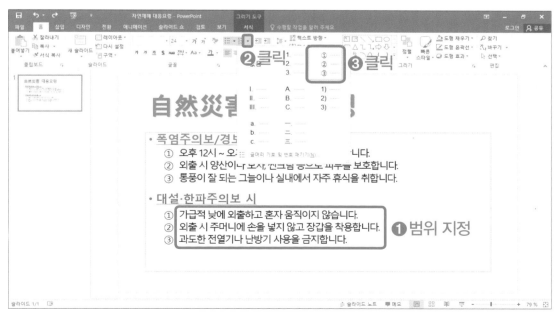

글머리 기호 변경하기

5 첫 번째 줄을 선택하고 [홈] 탭-[단락] 그룹에서 [글머리 기호]-[글머리 기호 및 번호 매기기]를 클릭합니다.

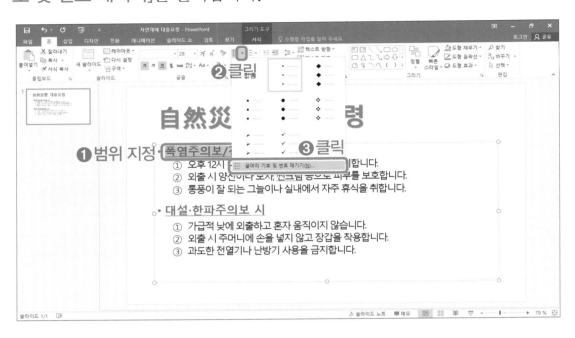

6 [글머리 기호 및 번호 매기기] 대화상자에서 '화살표 글머리 기호'를 선택한 후 [확인] 단추를 클릭합니다.

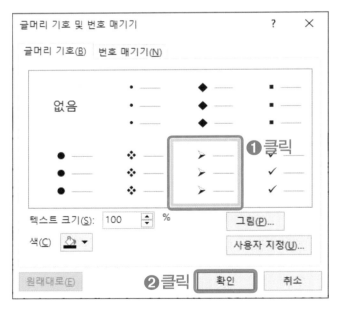

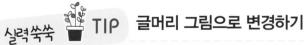 **TIP** **글머리 그림으로 변경하기**

[글머리 기호 및 번호 매기기] 대화상자에서 [그림]을 클릭하면 기호 대신에 내 컴퓨터에 있는 그림이나 온라인의 그림으로 변경할 수 있습니다.

7 글머리 기호가 변경됩니다. 같은 방법으로 다섯 번째 줄의 글머리 기호도 변경합니다.

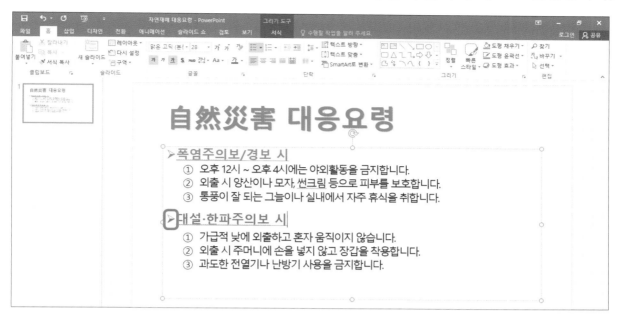

실습4 텍스트 상자 삽입하기

텍스트 상자를 이용하면 슬라이드 레이아웃의 정해진 배치 외에 원하는 곳에 텍스트를 입력할 수 있습니다.

텍스트 상자 삽입하기

1 슬라이드 레이아웃의 텍스트 상자도 원하는 크기와 위치로 변경할 수 있습니다. 우선 아래쪽 텍스트 상자의 크기 조절점을 드래그하여 크기를 줄입니다.

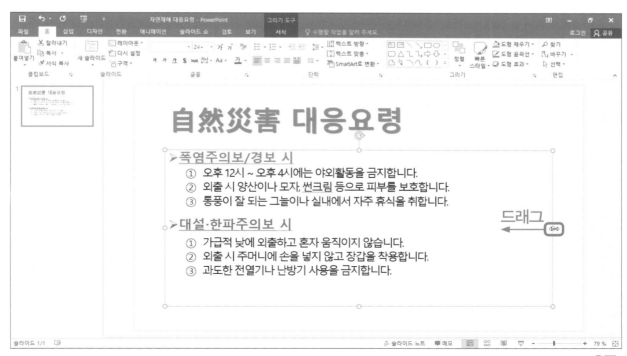

② [삽입] 탭의 [텍스트 상자 ]를 클릭한 후 슬라이드의 오른쪽 아래를 클릭합니다.

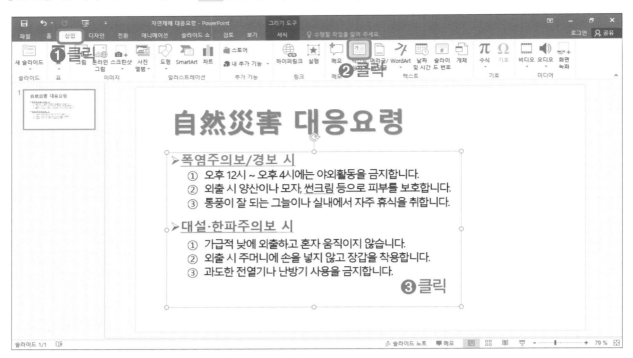

실력쑥쑥 TIP 세로 텍스트 상자 삽입하기

일반적인 텍스트 상자는 가로 방향인데, 세로 방향의 텍스트를 입력하려면 [텍스트 상자]의 아래 화살표(▼)를 클릭한 후 [세로 텍스트 상자]를 클릭하면 됩니다.

③ 텍스트 상자가 추가되면 아래 그림과 같이 내용을 입력합니다.

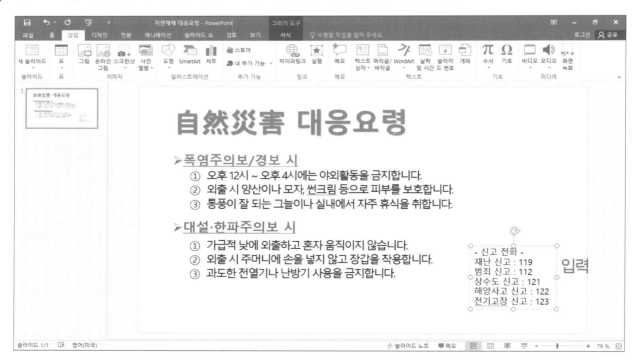

4 텍스트 상자는 기본적으로 윤곽선이 표시되지 않습니다. 윤곽선을 추가하기 위해 텍스트 상자를 선택한 후 [그리기 도구]-[서식] 탭-[도형 스타일] 그룹에서 [도형 윤곽선]]-[주황, 강조 2]를 클릭합니다.

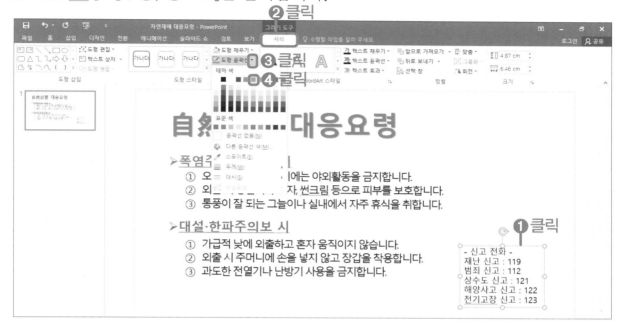

5 슬라이드의 빈 곳을 클릭하여 추가된 윤곽선을 확인합니다.

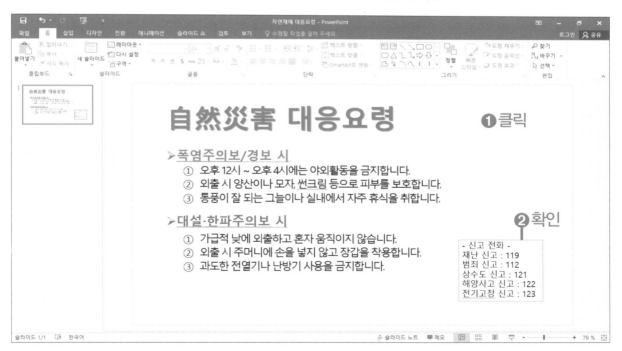

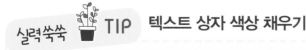 **TIP** 텍스트 상자 색상 채우기

텍스트 상자의 윤곽선뿐만 아니라 안쪽에 색도 채울 수 있습니다. 도형 채우기에 대한 내용은 44쪽을 참고합니다.

◎ 예제 파일 : 02-여름철 재난대응.pptx

◎ 완성 파일 : 02-여름철 재난대응-완성.pptx

1 [제목 및 내용] 슬라이드 레이아웃에서 다음과 같이 내용을 입력해 보세요.

여름철 災難 대응요령

- 집중호우 시
- 상습침수지역에 거주하면 대피를 준비합니다.
- 고압선 및 공사장 근처에 가까이 가지 않습니다.
- 산간계곡 야영객은 안전한 장소로 대피합니다.
- 태풍·강풍 시
- 창문을 굳게 닫고 잠궈 둡니다.
- 낙하 위험이 있는 시설물 아래는 피합니다.
- 정전 상황에 대한 비상 전등을 준비합니다.

Hint! • [홈] 탭의 [레이아웃]–[목차 및 내용] 슬라이드로 변경합니다.

• '재난' 문자 뒤에서 한자 키를 입력하여 한글을 한자로 변경합니다.

• '태풍' 문자 뒤에서 [삽입] 탭의 [기호]를 클릭한 후 'Windings' 글꼴에서 가운데 점 기호를 선택합니다.

2 제목과 첫째 수준 목록의 글꼴을 다음과 같이 변경해 보세요.

- 제목 : [글꼴 크기]–[60], [굵게], [텍스트 그림자], [글꼴 색]–[파랑]
- 첫째 수준 목록 : [굵게], [밑줄], [글꼴 색]–[연한 파랑]

여름철 災難 대응요령

- <u>집중호우 시</u>
- 상습침수지역에 거주하면 대피를 준비합니다.
- 고압선 및 공사장 근처에 가까이 가지 않습니다.
- 산간계곡 야영객은 안전한 장소로 대피합니다.
- <u>태풍·강풍 시</u>
- 창문을 굳게 닫고 잠궈 둡니다.
- 낙하 위험이 있는 시설물 아래는 피합니다.
- 정전 상황에 대한 비상 전등을 준비합니다.

---

3 글머리 기호와 줄 간격, 문자 간격 등을 다음과 같이 변경해 보세요.

– 줄 간격 : 1.5   – 문자 간격(둘째 수준) : 매우 좁게

여름철 災難 대응요령

❖집중호우 시
   a. 상습침수지역에 거주하면 대피를 준비합니다.
   b. 고압선 및 공사장 근처에 가까이 가지 않습니다.
   c. 산간계곡 야영객은 안전한 장소로 대피합니다.

❖태풍·강풍 시
   a. 창문을 굳게 닫고 잠궈 둡니다.
   b. 낙하 위험이 있는 시설물 아래는 피합니다.
   c. 정전 상황에 대한 비상 전등을 준비합니다.

Hint!
- 첫째 수준 목록 : [글머리 기호]–[별표 글머리 기호]
- 첫째 수준 목록과 둘째 수준 목록 사이 : [줄 간격]–[1.5]
- 둘째 수준 목록 : [홈] 탭의 [목록 수준 줄임], [번호 매기기]–[a, b, c], [문자 간격]–[매우 좁게]

4 다음과 같이 텍스트 상자에 내용을 입력하고, 윤곽선을 변경해 보세요.

여름철 災難 대응요령

❖집중호우 시
   a. 상습침수지역에 거주하면 대피를 준비합니다.
   b. 고압선 및 공사장 근처에 가까이 가지 않습니다.
   c. 산간계곡 야영객은 안전한 장소로 대피합니다.

❖태풍·강풍 시
   a. 창문을 굳게 닫고 잠궈 둡니다.
   b. 낙하 위험이 있는 시설물 아래는 피합니다.
   c. 정전 상황에 대한 비상 전등을 준비합니다.

일기예보 안내 : 131

Hint!
- 텍스트 상자 삽입 : [삽입] 탭–[텍스트 상자]
- 텍스트 상자 윤곽선 : [그리기 도구]–[서식] 탭–[도형 윤곽선]–[연한 파랑]

 03장 슬라이드에 디자인 적용하기

 파워포인트는 문서의 내용을 돋보이게 하기 위해 흰색 슬라이드 대신에 원하는 색으로 꾸밀 수 있습니다. 이번 장에서는 텍스트 상자와 슬라이드 배경, 테마 디자인 등을 적용하는 방법에 대해 살펴보겠습니다.

완·성·파·일 미·리·보·기

◎ 예제 파일 : 03-생활 환경보호 실천.pptx
◐ 완성 파일 : 03-생활 환경보호 실천-완성.pptx

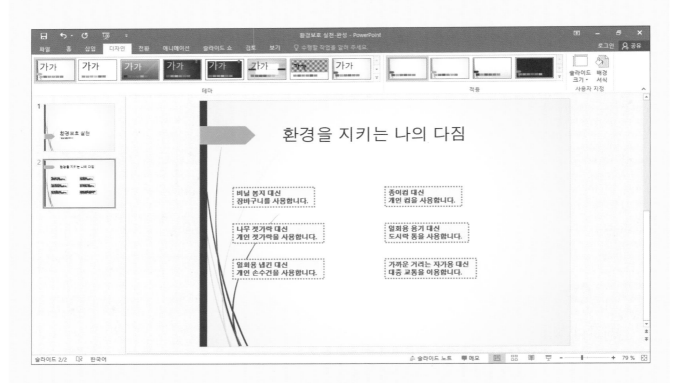

체·크·포·인·트

실습1 텍스트 상자에 색과 윤곽선을 변경해 봅니다.

실습2 슬라이드의 크기를 변경해 봅니다.

실습3 슬라이드의 배경을 변경해 봅니다.

실습4 슬라이드에 테마 디자인을 적용해 봅니다.

텍스트 상자에 디자인 서식 적용하기

텍스트 상자의 배경색을 채우거나 윤곽선을 적용할 수 있으며, 윤곽선은 원하는 두께와 대시 모양으로 변경할 수 있습니다.

텍스트 상자에 디자인 적용하기

1 제목 슬라이드에서 [홈] 탭-[슬라이드] 그룹에서 [새 슬라이드 새 슬라이드]를 클릭한 후 [제목만] 테마를 클릭합니다.

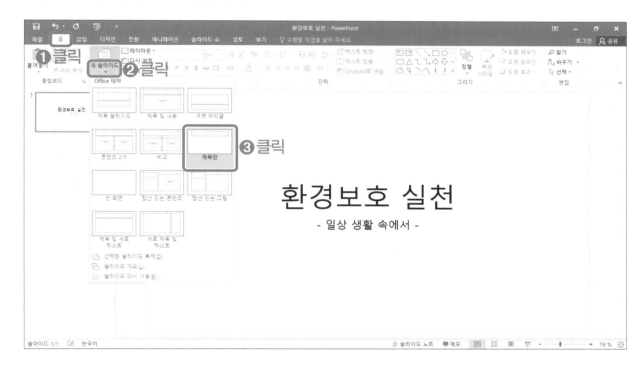

2 제목을 입력하고, [삽입] 탭-[텍스트] 그룹에서 [텍스트 상자 가]를 클릭한 후 아래쪽에 텍스트 상자를 추가하여 아래와 같이 입력합니다.

－비닐 봉지 대신 장바구니를 사용합니다.

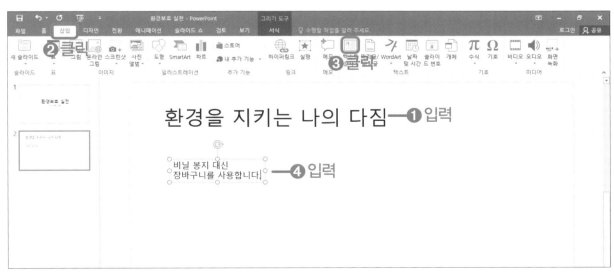

3 텍스트 상자를 선택하고, [홈] 탭-[글꼴] 그룹에서 '굵게 **가** ', [글꼴 색 **가**]-[녹색, 강조 6, 50% 더 어둡게]를 선택합니다.

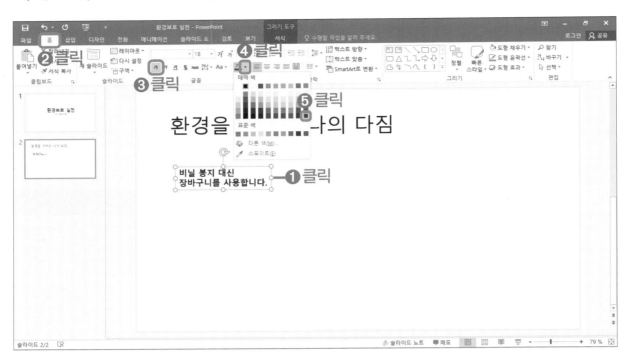

4 계속해서 텍스트 상자가 선택된 상태에서 [그리기 도구]-[서식] 탭-[도형 스타일] 그룹에서 [도형 채우기 ▧]-[황금색, 강조 4, 80% 더 밝게]를 선택합니다.

텍스트 상자에 윤곽선 그리기

5 텍스트 상자를 선택하고 [그리기 도구]–[서식] 탭–[도형 스타일] 그룹에서 [도형 윤곽선 ✏️]–[황금색, 강조 4, 25% 더 어둡게]를 클릭합니다.

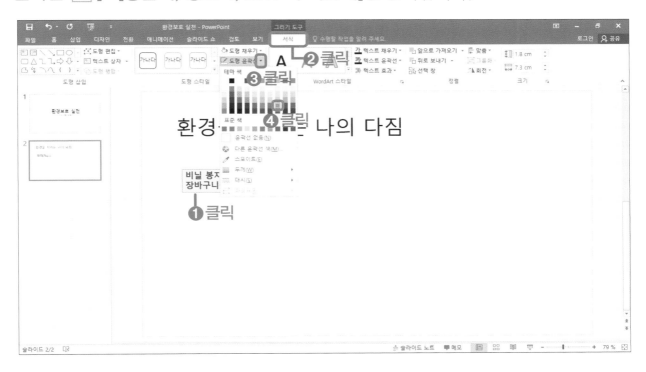

6 텍스트 상자를 선택하고 [그리기 도구]–[서식] 탭–[도형 스타일] 그룹에서 [도형 윤곽선 ✏️]–[두께]–[3pt]를 클릭합니다.

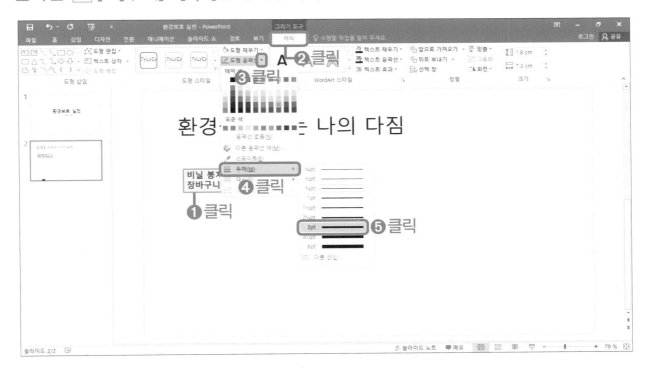

7 텍스트 상자를 선택하고 [그리기 도구]-[서식] 탭-[도형 스타일] 그룹에서 [도형 윤곽선 ✎]-[대시]-[둥근 점선]을 클릭합니다.

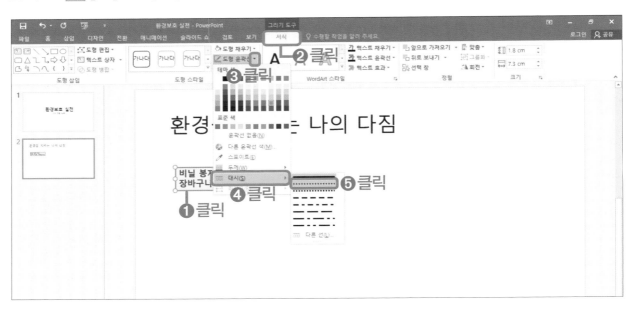

8 슬라이드의 빈 곳을 클릭하여 텍스트 상자의 디자인을 확인합니다.

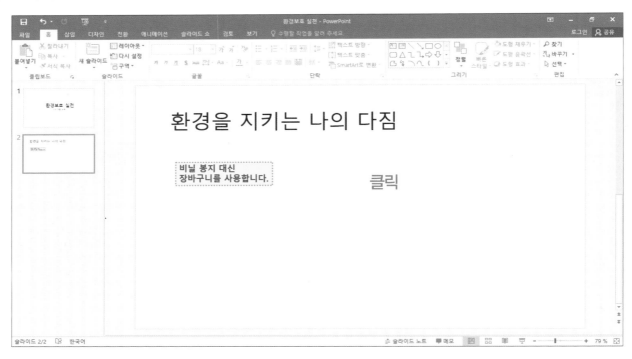

 **TIP** 텍스트 상자 크기 변경

텍스트 상자의 테두리를 드래그하면 위치가 이동되고, 원형 점을 드래그하면 크기가 변경됩니다. 그리고 위쪽의 화살표를 드래그하면 텍스트 상자가 회전됩니다.

텍스트 상자 복제하기

9 같은 텍스트 상자를 복제하기 위해 텍스트 상자를 선택하고 [홈] 탭 – [클립보드] 그룹에서 [복사 📋]의 🔽를 클릭한 후 [복제]를 클릭합니다.

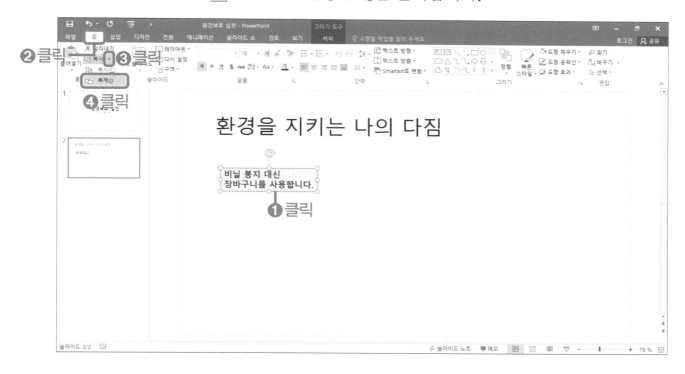

10 텍스트 상자가 복제되어 나타납니다. 텍스트 상자를 원하는 위치로 드래그합니다.

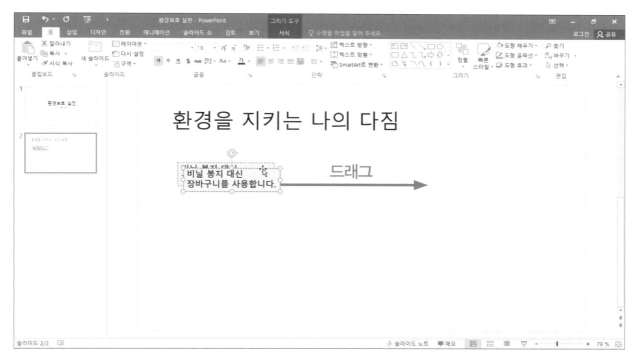

⑪ 왼쪽 텍스트 상자를 선택한 상태에서 Ctrl 키를 누르고 오른쪽 텍스트 상자를 클릭합니다.

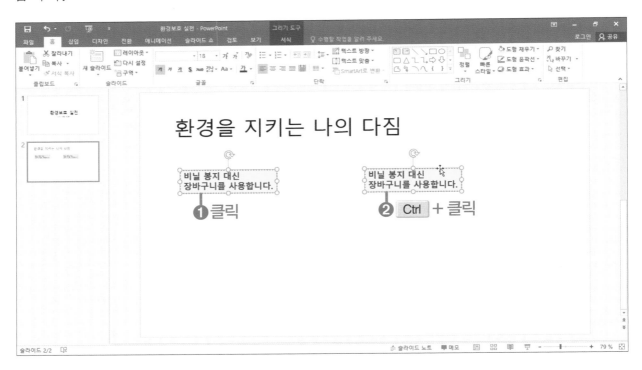

⑫ [홈] 탭 – [클립보드] 그룹에서 [복사 🗐]의 ▾를 클릭한 후 [복제]를 클릭합니다.

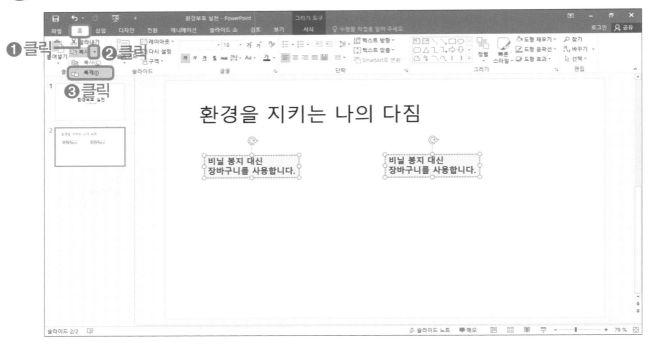

실력쑥쑥 TIP 복사와 복제

[복사]는 선택한 내용을 복사만 해놓은 상태이므로 다른 곳에서 [붙여넣기]를 해야 해당 내용이 복사되어 나타납니다. [복제]는 이와 같은 [복사]와 [붙여넣기]를 한꺼번에 하는 것이므로 해당 내용이 바로 복사되어 나타납니다.

13 텍스트 상자가 복제되어 나타납니다. 텍스트 상자를 원하는 위치로 드래그합니다.

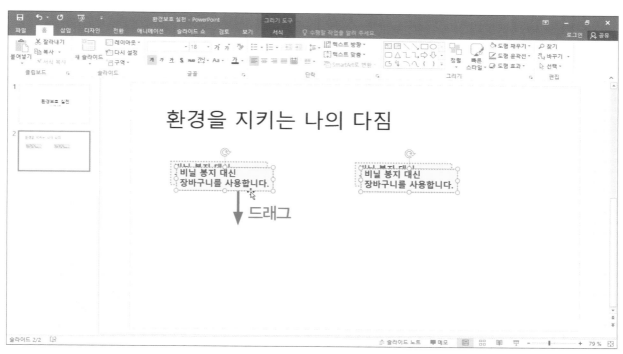

14 같은 방법으로 여러 개의 텍스트 상자를 복제한 후 다음과 같이 내용을 수정합니다.
- 종이컵 대신 개인 컵을 사용합니다.
- 나무 젓가락 대신 개인 젓가락을 사용합니다.
- 일회용 용기 대신 도시락 통을 사용합니다.
- 일회용 냅킨 대신 개인 손수건을 사용합니다.
- 가까운 거리는 자가용 대신 대중 교통을 이용합니다.

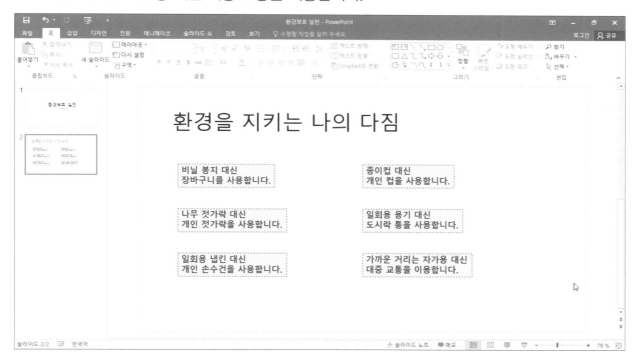

슬라이드 크기와 배경 변경하기

슬라이드 크기는 모니터에 맞게 표시되는데 다른 크기로 변경할 수 있으며, 흰색 슬라이드 대신에 다양한 디자인 서식을 적용할 수 있습니다.

슬라이드 크기 변경하기

1 [디자인] 탭-[사용자 지정] 그룹에서 [슬라이드 크기 ▢]-[사용자 지정 슬라이드 크기]를 클릭합니다.

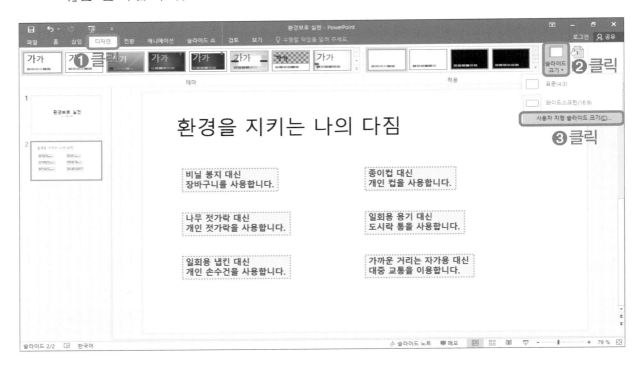

2 [슬라이드 크기] 대화상자에서 'A4 용지'를 선택하고 [확인] 단추를 클릭합니다.

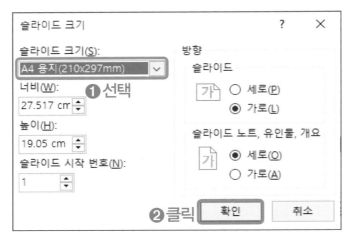

③ 슬라이드 크기를 조정하는 대화상자가 나타나면 '맞춤 확인'을 선택하고 [맞춤 확인] 단추를 클릭합니다.

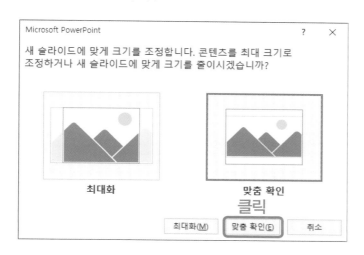

 **TIP 슬라이드 최대화와 맞춤 확인**

최근의 슬라이드의 비율은 16:9 비율의 와이드스크린이지만, 예전에는 4:3의 표준 비율이었습니다. 그래서 16:9로 넓게 작성한 슬라이드를 4:3으로 줄이면 [최대화]와 [맞춤 확인]을 선택하는 대화상자가 나타나는데, 슬라이드에 맞게 내용을 맞추려면 [맞춤 확인]을 클릭합니다.

슬라이드 배경 색 변경하기

④ [디자인] 탭 – [사용자 지정] 그룹에서 [배경 서식]을 클릭합니다.

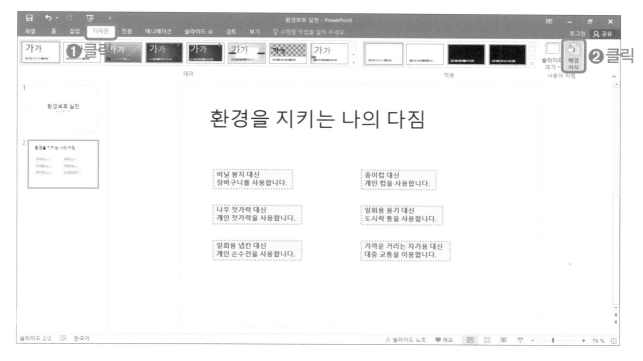

5 슬라이드의 오른쪽에 [배경 서식] 작업창이 나타나면 [단색 채우기]에서 [색 🖉] −[녹색, 강조 6, 60% 더 밝게]를 선택합니다.

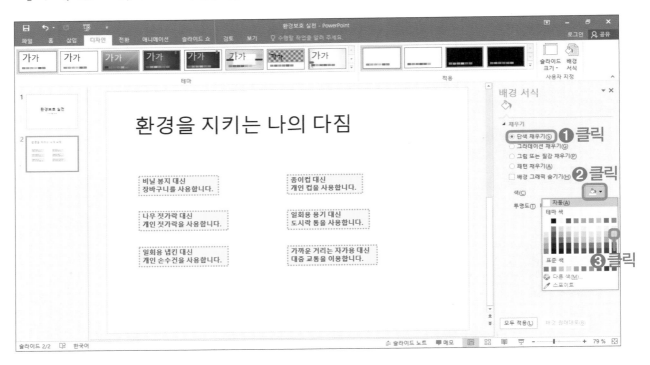

6 현재 선택된 2번 슬라이드의 배경 색이 변경됩니다. 1번 슬라이드까지 모두 적용하려면 [모두 적용] 단추를 클릭합니다.

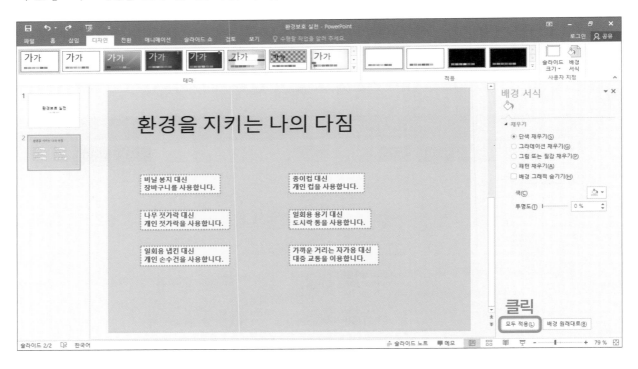

실습3 테마 디자인 적용하기

테마 디자인을 이용하면 슬라이드의 제목 슬라이드부터 내용 슬라이드까지 통일된 느낌의 디자인으로 변경할 수 있습니다.

테마 디자인 적용하기

1 [디자인] 탭 – [테마] 그룹에서 [자세히 ▼]를 클릭합니다.

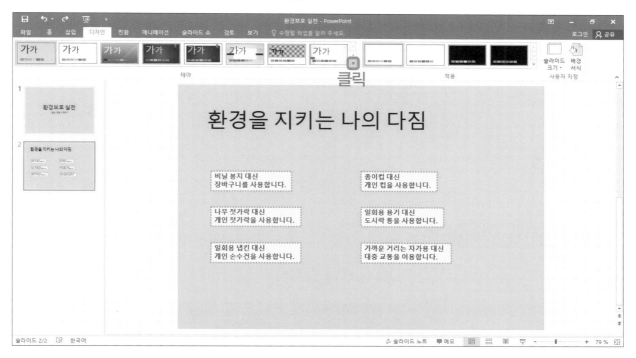

2 디자인 목록이 나타나면 [줄기]를 클릭합니다.

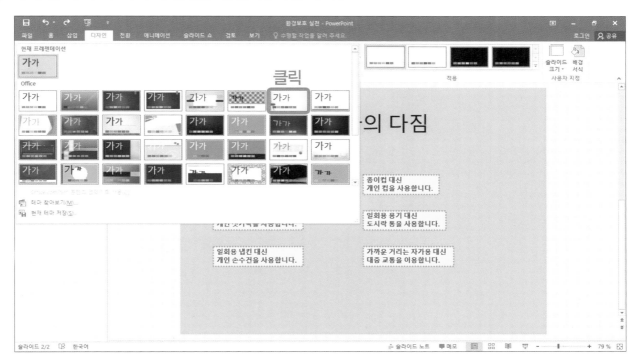

③ 모든 슬라이드가 줄기 디자인으로 적용됩니다.

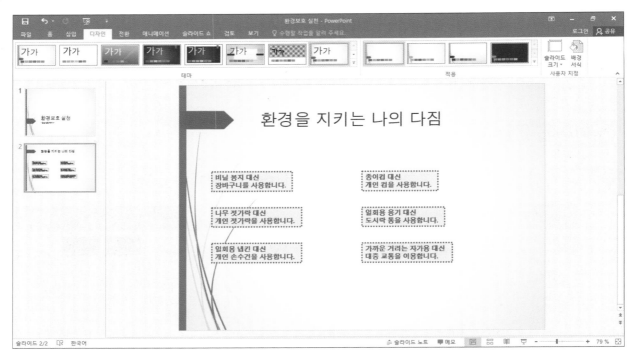

테마 디자인 변경하기

④ [디자인] 탭 – [적용] 그룹에서 [자세히 ▾]를 클릭합니다.

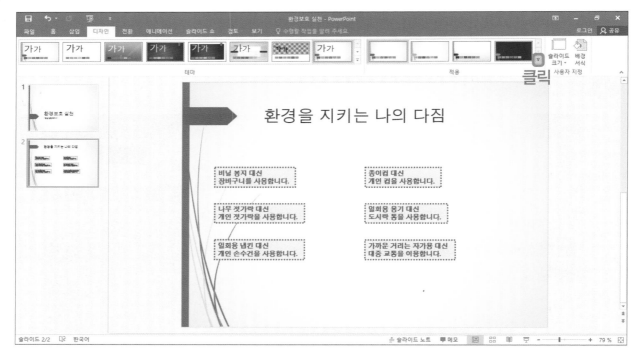

5 나타나는 목록에서 [색]−[귤색]을 클릭합니다.

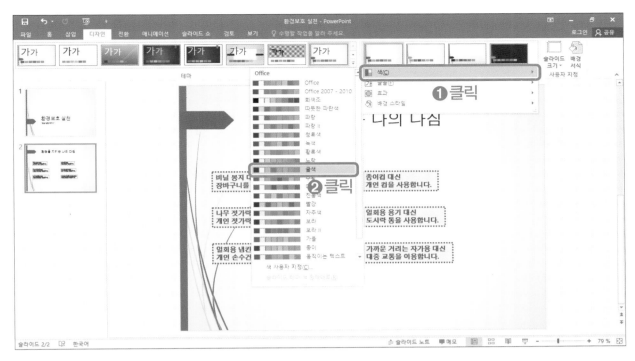

6 줄기 디자인의 색이 귤색으로 변경됩니다.

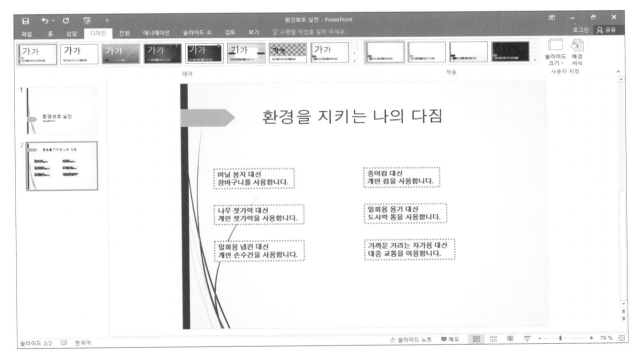

◎ 예제 파일 : 03-교통안전수칙.pptx

◉ 완성 파일 : 03-교통안전수칙-완성.pptx

1 [제목만] 슬라이드 레이아웃에서 다음과 같이 텍스트 상자를 삽입하고 내용을 입력해 보세요.

– 글꼴 : 굵게, 24pt, 진한 파랑

이것만은 꼭 지켜주세요!

전 좌석 안전벨트 착용	운전 중 휴대전화 사용금지
주간에도 전조등 켜기	어린이 보호구역 내 서행 운전
과속, 신호위반 등 법규 위반하지 않기	음주운전, 졸음운전 하지 않기

Hint! • 텍스트 상자 글꼴 : [굵게], [글꼴 크기]–[24pt], [글꼴 색]–[진한 파랑]
• 텍스트 상자 복제 : [홈] 탭–[복제]

2 텍스트 상자의 채우기 색과 윤곽선을 다음과 같이 변경해 보세요.

– 텍스트 상자 : 파랑, 강조 1, 80% 더 밝게, 윤곽선(진한 파랑)

이것만은 꼭 지켜주세요!

전 좌석 안전벨트 착용	운전 중 휴대전화 사용금지
주간에도 전조등 켜기	어린이 보호구역 내 서행 운전
과속, 신호위반 등 법규 위반하지 않기	음주운전, 졸음운전 하지 않기

Hint! • 텍스트 상자 채우기 : [그리기 도구]–[서식] 탭–[도형 채우기]–[파랑, 강조 1, 80% 더 밝게]
• 텍스트 상자 윤곽선 : [그리기 도구]–[서식] 탭–[도형 윤곽선]–[진한 파랑]

3 슬라이드 배경 서식을 다음과 같이 변경해 보세요.

– 배경 서식 : 파랑, 강조 5, 50% 더 밝게

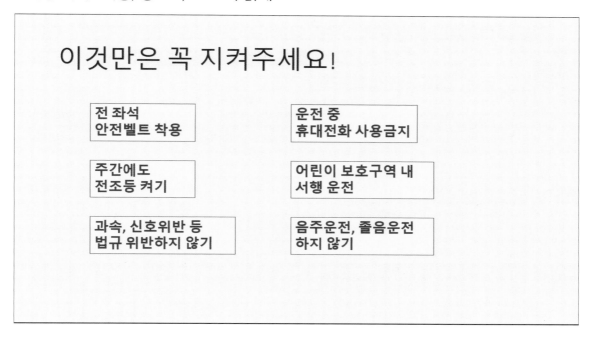

Hint! 배경 서식 : [단색 채우기]–[색]–[파랑, 강조 5, 80% 더 밝게]

4 테마 디자인을 다음과 같이 변경해 보세요.

– 테마 디자인 : 교육 테마, 색(파랑)

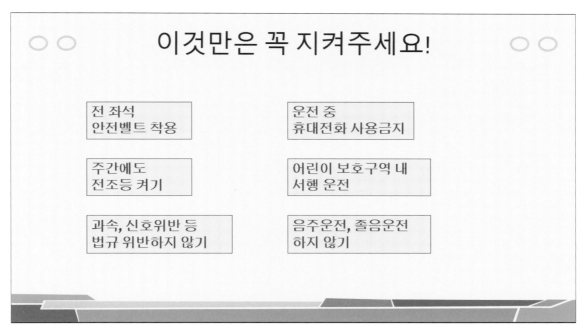

Hint!
• 테마 디자인 : [디자인] 탭–[교육 테마]
• 디자인 변경 : [디자인] 탭–[적용]–[색]–[파랑]

04 장 도형 슬라이드 만들기

파워포인트 문서의 내용을 강조하려면 텍스트 대신에 적당한 도형을 삽입하는 것이 좋습니다. 이번 장에서는 도형을 삽입하고 서식 변경과 정렬하는 방법에 대해 살펴보겠습니다.

완성파일 미리보기

무료 동영상

◎ 예제 파일 : 04-심폐소생술.pptx
● 완성 파일 : 04-심폐소생술-완성.pptx

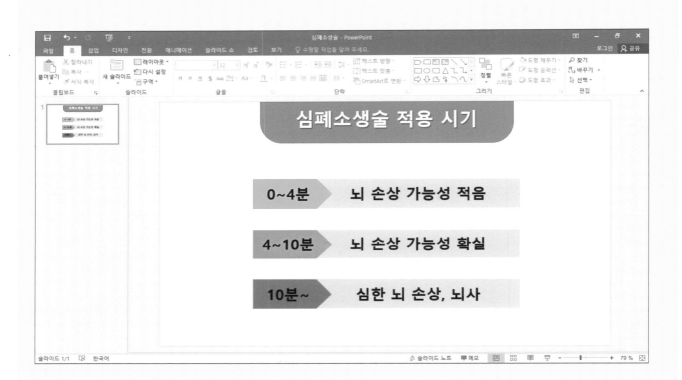

체크포인트

실습1 도형을 삽입하고 채우기 색과 윤곽선을 변경해 봅니다.
실습2 도형을 그룹으로 묶어 봅니다.
실습3 도형의 순서를 변경해 봅니다.
실습4 도형의 간격을 정렬해 봅니다.

실습 1 도형을 삽입하고 서식 변경하기

파워포인트에는 다양한 도형이 있어서 내용에 맞는 도형을 삽입하고 배경색을 채우거나 윤곽선을 적용할 수 있습니다.

다양한 도형 삽입하기

1 제목 슬라이드에서 [홈] 탭-[슬라이드] 그룹에서 [레이아웃 ▤]-[빈 화면]을 클릭합니다.

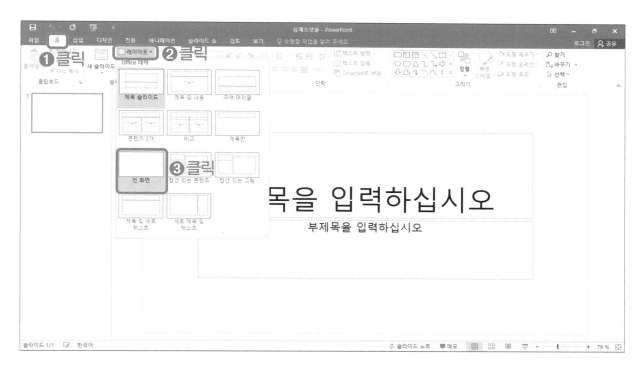

2 [삽입] 탭-[일러스트레이션] 그룹에서 [도형 ▽]을 클릭한 후 '양쪽 모서리가 둥근 사각형'을 클릭합니다.

❸ 슬라이드의 원하는 위치에 드래그하면 도형이 삽입됩니다.

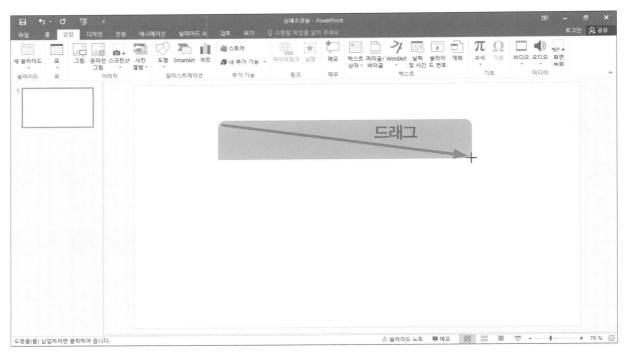

❹ 도형의 노랑 조절점을 드래그하면 도형의 세부 모양을 조절할 수 있습니다. 노랑 조절점을 안쪽으로 드래그합니다.

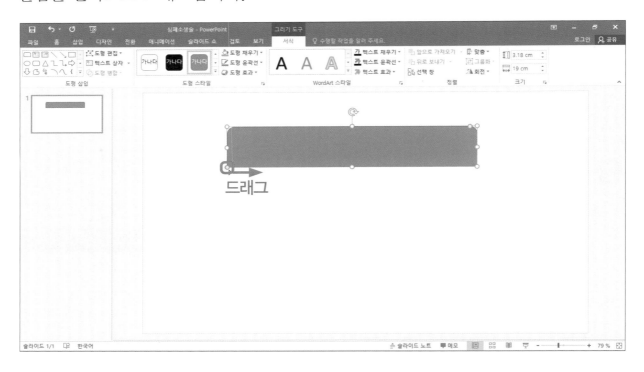

5 양쪽 모서리가 둥근 사각형을 선택하고 슬라이드의 위쪽으로 드래그합니다.

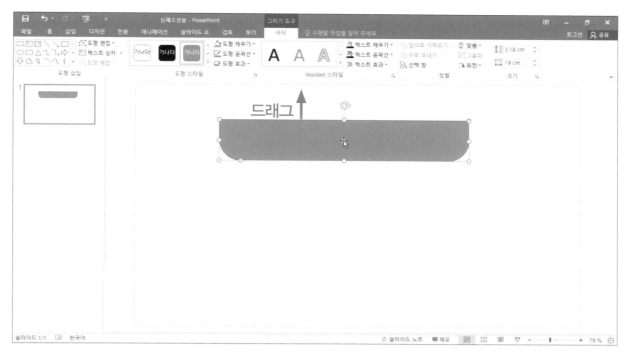

6 도형을 클릭하고 텍스트를 입력한 후 [홈] 탭-[글꼴] 그룹에서 '글꼴 크기 : 40pt, '굵게 가 ', '텍스트 그림자 S '로 설정합니다.

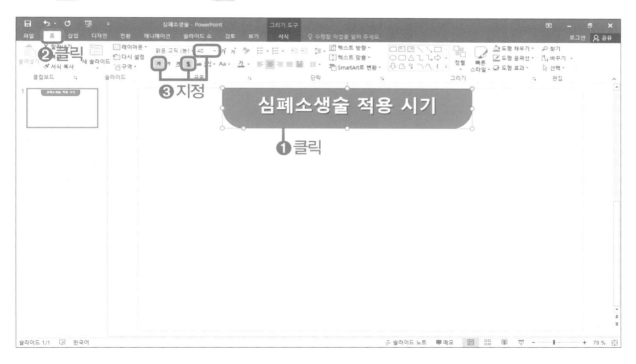

7 다른 도형을 삽입하기 위해 [삽입] 탭-[일러스트레이션] 그룹-[도형 ⬡]을 클릭한 후 '오각형'을 클릭합니다.

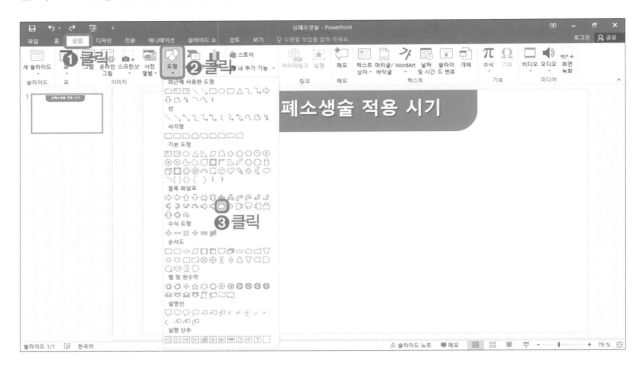

8 슬라이드의 원하는 위치에 드래그하면 도형이 삽입됩니다.

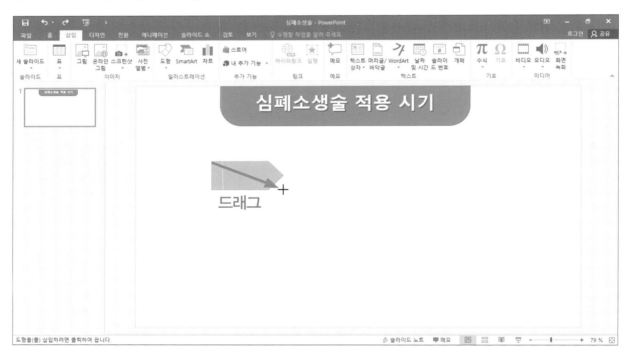

9 이번에는 [삽입] 탭 – [일러스트레이션] 그룹 – [도형 ⬙]에서 '사각형'을 클릭합니다.

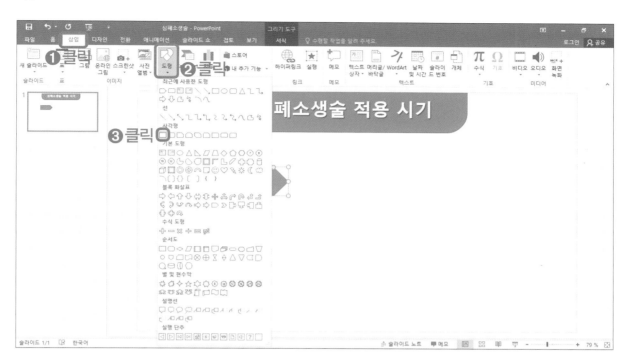

10 오각형 옆에 드래그하여 사각형을 삽입합니다.

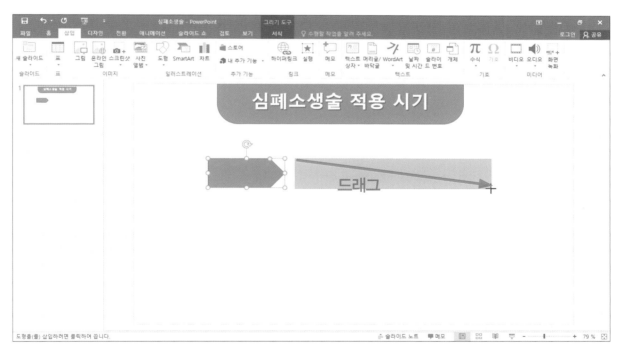

도형 서식 변경하기

도형의 색은 윤곽선 색과 채우기 색으로 구분되므로, 각각을 원하는 서식으로 변경할 수 있습니다.

도형 채우기와 윤곽선 그리기

1 오각형을 선택하고 [그리기 도구]−[서식] 탭−[도형 스타일] 그룹에서 [도형 채우기 ◇]−[황금색, 강조 4]를 클릭합니다.

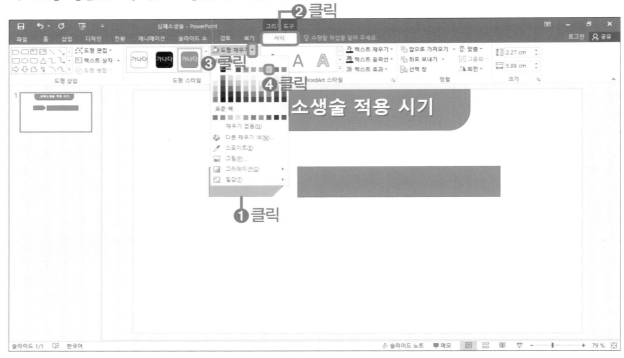

2 오각형을 선택하고 [그리기 도구]−[서식] 탭−[도형 스타일] 그룹에서 [도형 윤곽선 ✐]−[주황, 강조 2]를 클릭합니다.

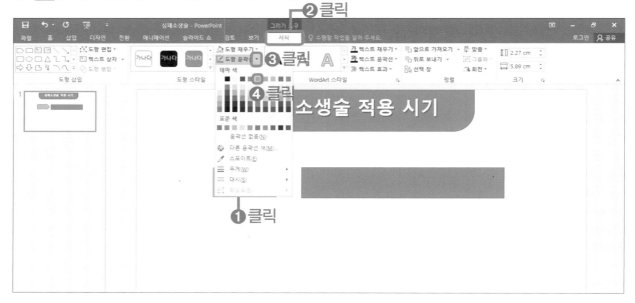

3 사각형을 선택하고 [그리기 도구]-[서식] 탭-[도형 스타일] 그룹에서 [도형 채우기 ✍]-[흰색, 배경 1, 15% 더 어둡게]를 클릭합니다.

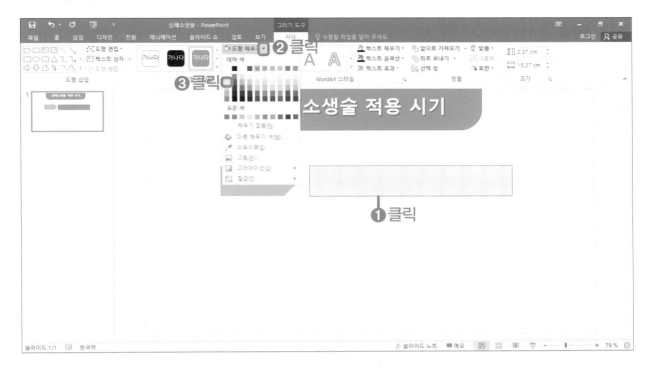

4 사각형을 선택하고 [그리기 도구]-[서식] 탭-[도형 스타일] 그룹에서 [도형 윤곽선 ✍]-[윤곽선 없음]을 클릭합니다.

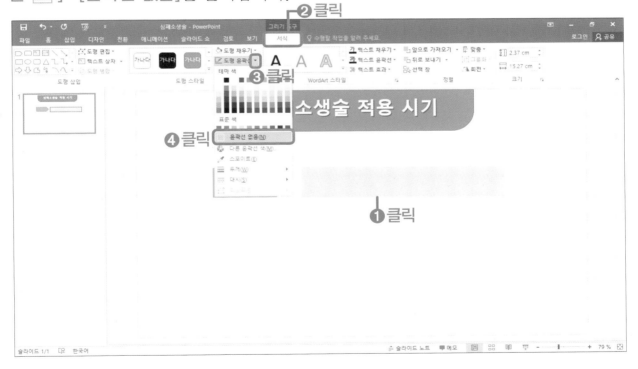

도형 정렬하기

⑤ 사각형의 흰색 조절점(○)을 드래그하면 옆 도형과 위치를 맞출 수 있는 점선이 나타납니다. 윗선과 아랫선을 맞춥니다.

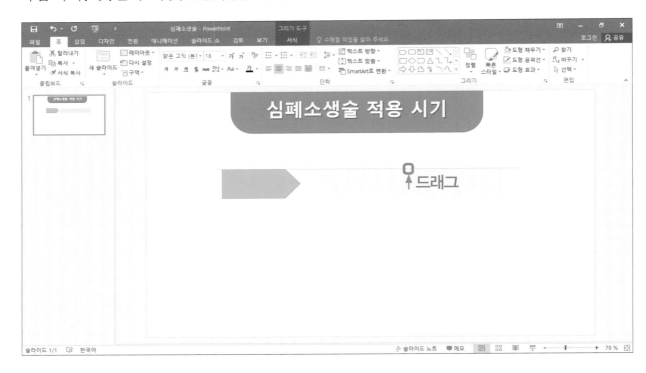

⑥ 각각의 도형에 텍스트를 입력합니다. 오각형을 선택하고 Ctrl 키를 누른 상태에서 사각형을 클릭합니다.

- 0~4분, 뇌 손상 가능성 적음

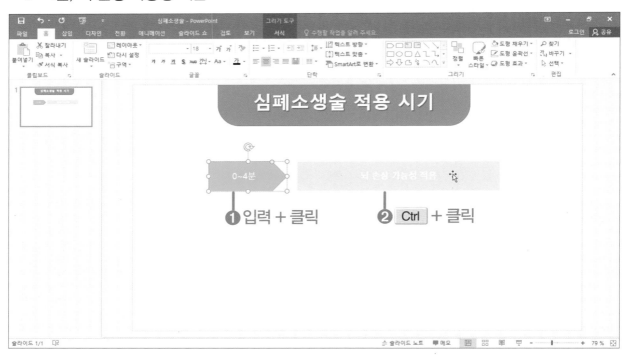

7 두 개의 도형이 선택되면 '글꼴 크기 : 32pt, '굵게 **가** ', [글꼴 색 **가**]–[검정]을 선택합니다.

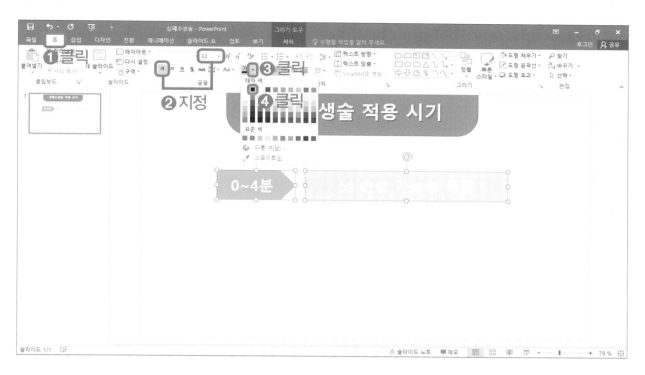

도형 순서 변경하기

8 오각형을 사각형과 겹치게 오른쪽으로 드래그합니다.

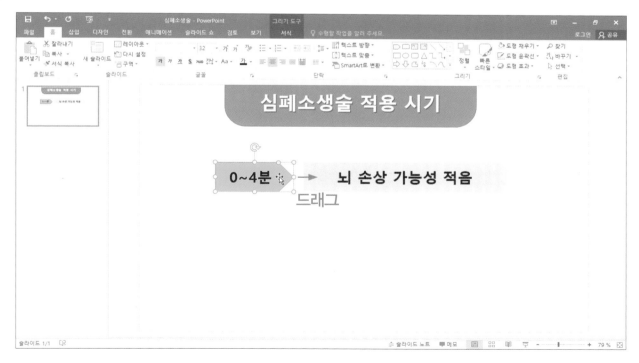

⑨ 오각형이 사각형 뒤에 겹쳐집니다. 오각형을 선택하고 [그리기 도구]-[서식] 탭
-[정렬] 그룹에서 [앞으로 가져오기 🔳]-[앞으로 가져오기 🔳]를 클릭합니다.

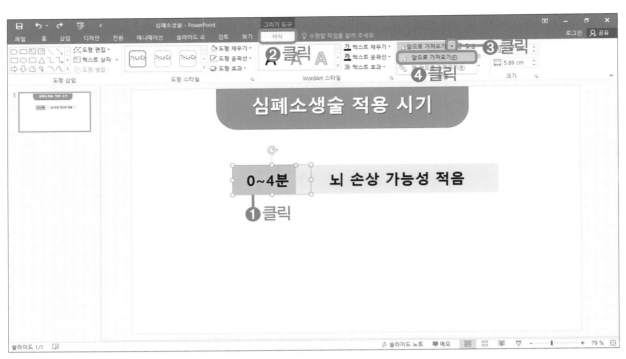

 **TIP** **[홈] 탭의 [정렬]**

[홈] 탭-[그리기] 그룹에서 [정렬]을 클릭한 후 [앞으로 가져오기]를 클릭해도 됩니다.

⑩ 오각형이 사각형 앞으로 나타납니다.

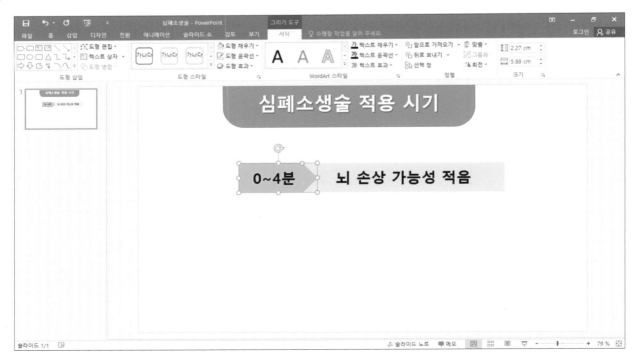

도형 복제와 간격 조절하기

비슷한 도형은 복제한 후 서식을 변경하는 것이 편합니다. 복제된 도형은 간격을 동일하게 설정할 수 있습니다.

도형 복제하기

1 오각형을 선택하고 Ctrl 키를 누른 상태에서 사각형을 클릭합니다.

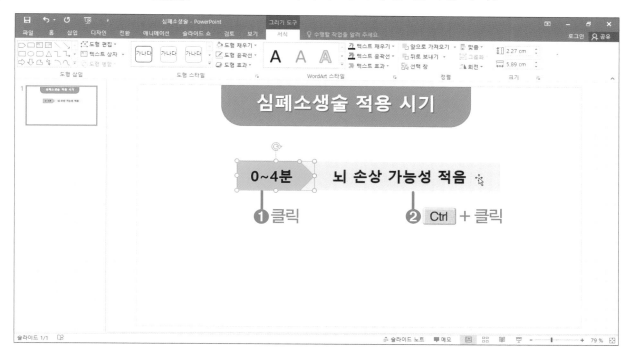

2 두 개의 도형이 선택되면 [그리기 도구]-[서식] 탭-[정렬] 그룹에서 [그룹화]-[그룹]을 클릭합니다.

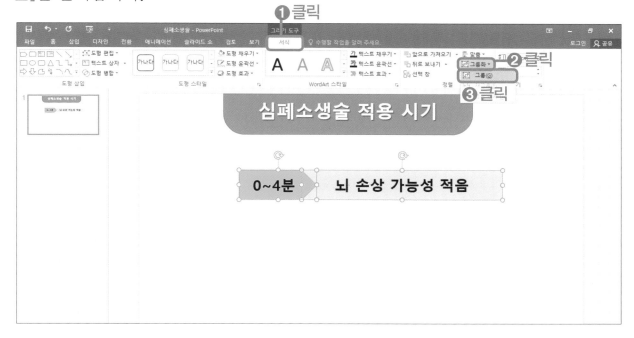

③ 두 개의 도형이 그룹으로 묶입니다. [홈] 탭-[클립보드] 그룹에서 [복사 🖹]-[복제]를 클릭합니다.

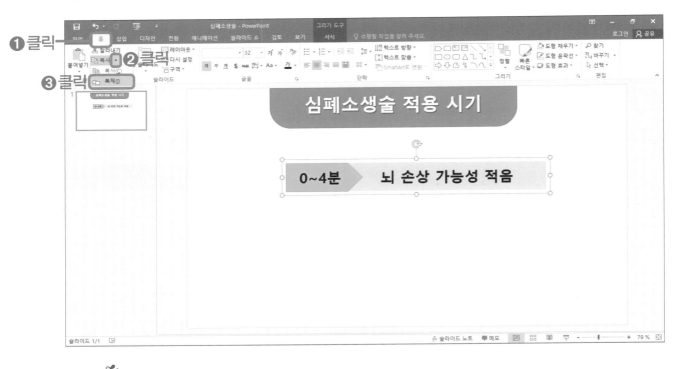

④ 도형이 복제되어 나타납니다. 도형을 원하는 위치로 드래그합니다.

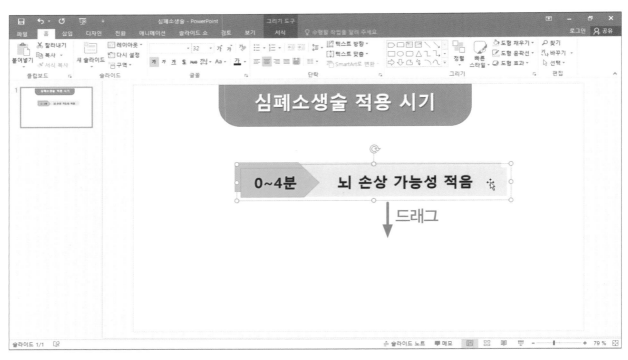

5 복제된 도형이 선택된 상태에서 [홈] 탭–[클립보드] 그룹에서 [복사 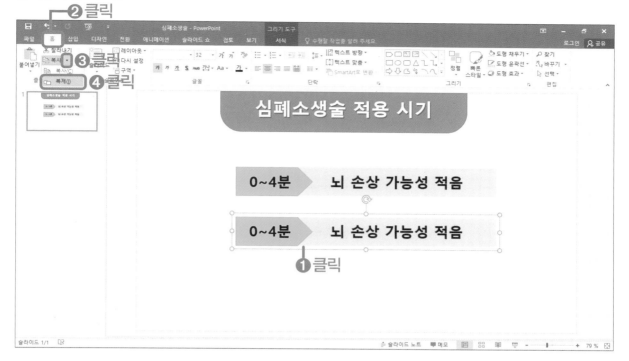]–[복제]
를 클릭합니다.

6 도형의 간격이 유지된 채로 도형이 복제됩니다. 도형의 텍스트를 수정합니다.

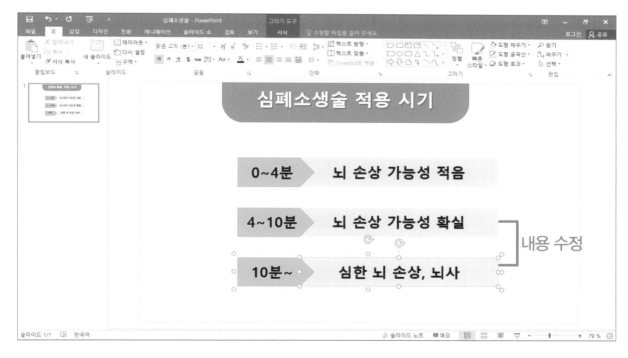

7 두 번째 도형의 [도형 채우기 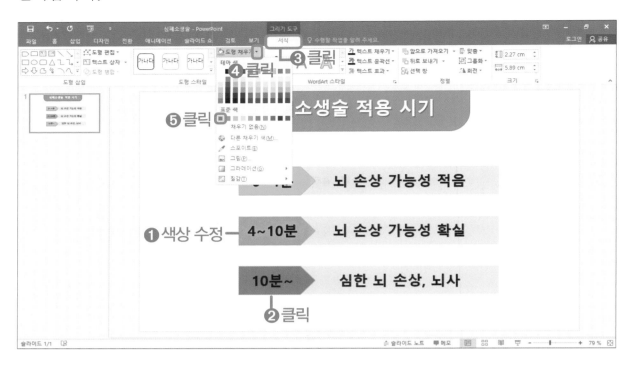]는 '주황, 강조 2', 세 번째 도형은 '진한 빨강'을 선택합니다.

도형 간격 조절하기

8 Ctrl 키를 누른 상태에서 세 개의 도형을 선택하고, [그리기 도구]-[서식] 탭-[정렬] 그룹에서 [맞춤]-[세로 간격을 동일하게]를 클릭합니다.

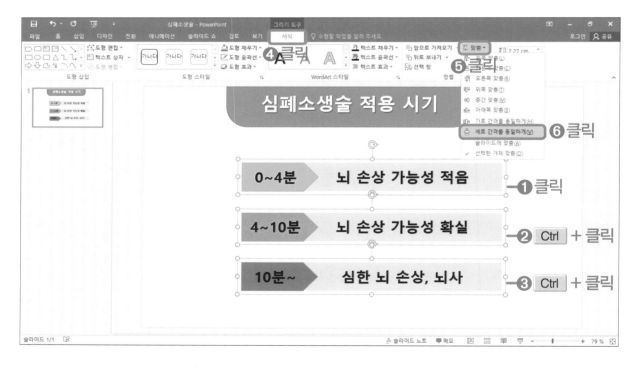

9 계속해서 Ctrl 키를 누른 상태에서 맨 위쪽의 모서리가 둥근 사각형 도형도 선택하고, [그리기 도구]-[서식] 탭-[정렬] 그룹에서 [맞춤]-[가운데 맞춤]을 클릭합니다.

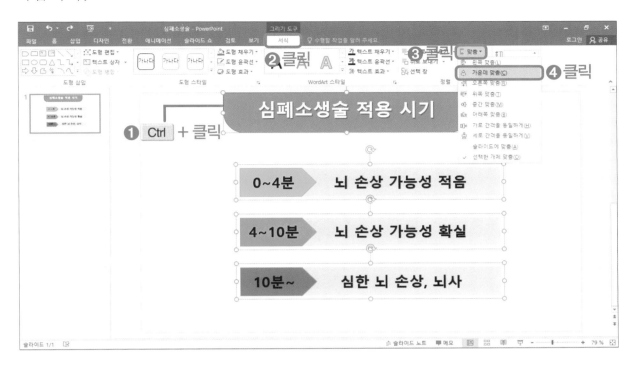

10 네 개의 도형이 가운데로 맞춰집니다.

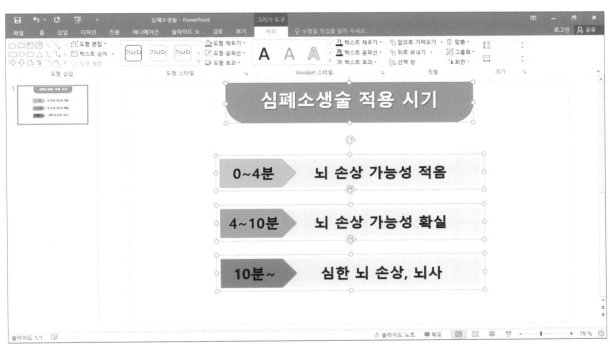

◎ 예제 파일 : 04-건강한 식사요법.pptx
◎ 완성 파일 : 04-건강한 식사요법-완성.pptx

1 [빈 화면] 슬라이드 레이아웃에서 다음과 같이 모서리가 둥근 사각형과 오각형, 사각형 도형을 삽입하고 내용을 입력해 보세요.

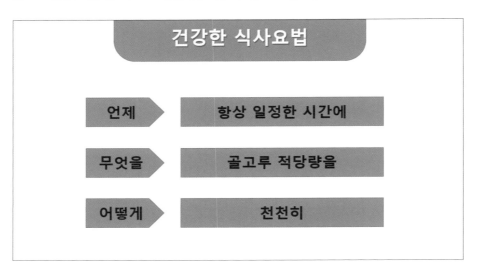

Hint! • 제목 도형 글꼴 : [글꼴 크기]-[40pt], [굵게], [텍스트 그림자], [글꼴 색]-[흰색]
• 내용 도형 글꼴 : [글꼴 크기]-[32pt], [굵게], [글꼴 색]-[검정]

2 각 도형의 채우기 색과 윤곽선을 다음과 같이 변경해 보세요.

Hint! • 제목 도형 채우기 : [그리기 도구]-[서식] 탭-[도형 채우기]-[색 채우기-[주황, 강조 2]
• 오각형 윤곽선 : ① [도형 채우기]-[황금색, 강조 4, 40% 더 밝게], [윤곽선]-[주황]
　　　　　　　　② [도형 채우기]-[주황, 강조 2, 60% 더 밝게], [윤곽선]-[주황]
　　　　　　　　③ [도형 채우기]-[황금색, 강조 2, 25% 더 어둡게], [윤곽선]-[주황]
• 사각형 도형 : [도형 채우기]-[황금색, 강조 4, 80% 더 밝게], [윤곽선]-[없음]

3 도형을 그룹으로 묶어 보세요.

Hint!　[그리기 도구]–[서식] 탭–[그룹화]–[그룹]

4 테마 디자인을 다음과 같이 변경해 보세요.
- 세로 간격을 동일하게, 가운데 맞춤

Hint!　• [그리기 도구]–[서식] 탭–[맞춤]–[세로 간격을 동일하게]
　　• [그리기 도구]–[서식] 탭–[맞춤]–[가운데 맞춤]

그래픽 슬라이드 작성하기

파워포인트 문서는 내용에 맞는 그림을 삽입하여 슬라이드를 꾸미는 것이 좋습니다. 이번 장에서는 온라인에서 그림을 검색하여 삽입하고, 워드아트 와 스마트아트를 삽입하는 방법에 대해 살펴보겠습니다.

완성파일 미리보기

무료 동영상

◎ 예제 파일 : 05-전통시장.pptx
◐ 완성 파일 : 05-전통시장-완성.pptx

체크포인트

실습1 원하는 그림을 검색하여 삽입해 봅니다.

실습2 슬라이드의 배경 그림을 삽입해 봅니다.

실습3 텍스트를 강조하는 워드아트를 삽입해 봅니다.

실습4 내용을 정리하는 스마트아트를 삽입해 봅니다.

슬라이드에 그림을 삽입하면 내용의 이해를 도울 수 있습니다. 여기에서는 온라인에서 그림을 검색하여 삽입해 봅니다.

온라인 그림 삽입하기

1 [빈 화면] 슬라이드에서 [삽입] 탭-[이미지] 그룹에서 [온라인 그림]을 클릭합니다.

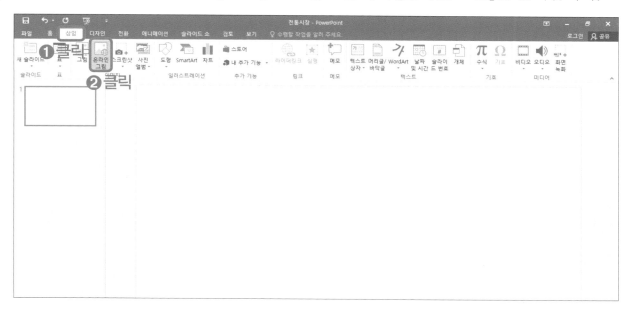

 **TIP** 컴퓨터에 저장된 그림 삽입하기

컴퓨터에 저장되어 있는 그림이나 사진을 삽입하려면 [삽입] 탭-[이미지] 그룹-[그림 📷]을 클릭하고, [그림 삽입] 대화상자에서 그림이 있는 폴더로 이동하여 그림을 선택한 후 삽입하면 됩니다.

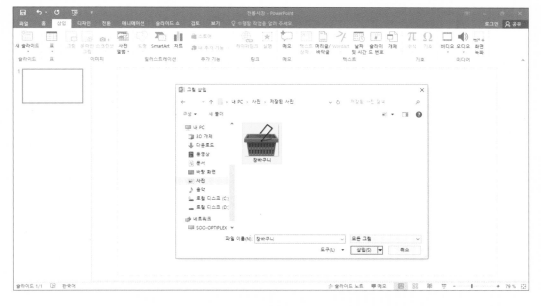

② [그림 삽입] 대화상자가 나타나면 [Bing 이미지 검색]에서 "장바구니"를 입력하고 Enter 키를 누릅니다.

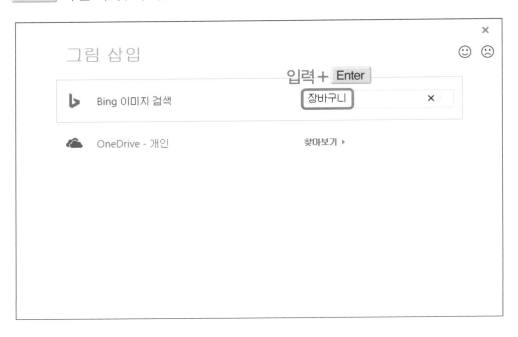

③ 온라인에서 '장바구니'에 대한 그림이 검색됩니다. 삽입할 그림을 선택하고 [삽입] 단추를 클릭합니다.

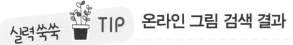 TIP **온라인 그림 검색 결과**

검색된 온라인 그림은 검색 시점에 따라 다를 수 있습니다. 또한 해당 그림은 라이선스가 있을 수 있으니 저작권을 포함한 타인의 권리를 존중해야 합니다.

4 크기를 조절하기위해 흰색 조절점(○)을 드래그합니다.

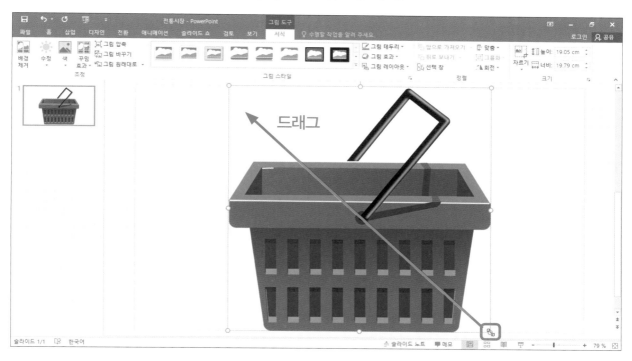

5 장바구니를 선택한 후 위치를 조절합니다.

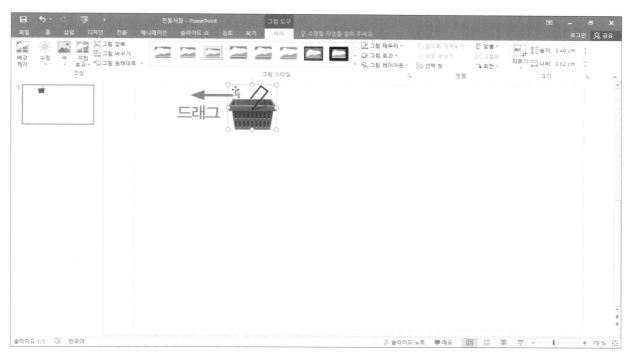

배경 그림 삽입하기

도형의 색은 윤곽선 색과 채우기 색으로 구분되므로, 각각을 원하는 서식으로 변경할 수 있습니다.

배경 그림 삽입하기

① [디자인] 탭-[사용자 지정] 그룹에서 [배경 서식]을 클릭합니다.

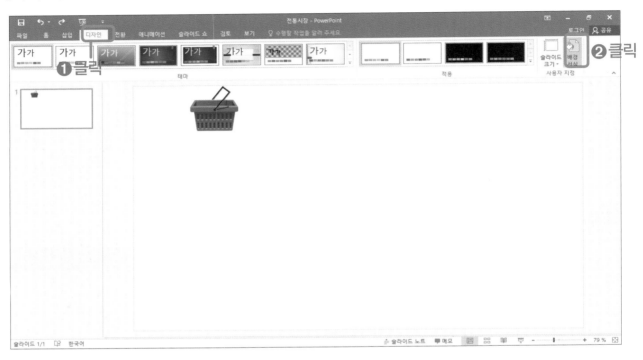

② 오른쪽의 [배경 서식] 작업 창에서 [채우기]-[그림 또는 질감 채우기]-[온라인]을 클릭합니다.

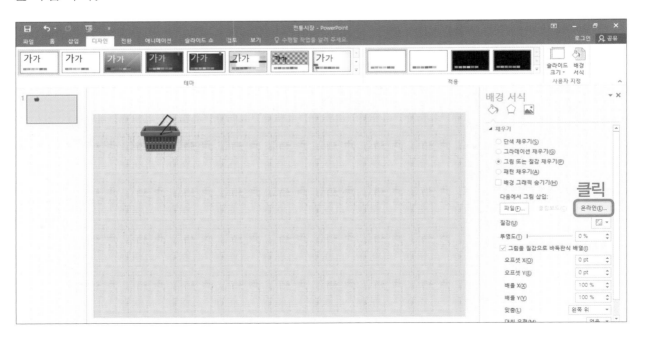

3 [그림 삽입] 대화상자가 나타나면 [Bing 이미지 검색]에서 **"전통시장"**을 입력하고 Enter 키를 누릅니다.

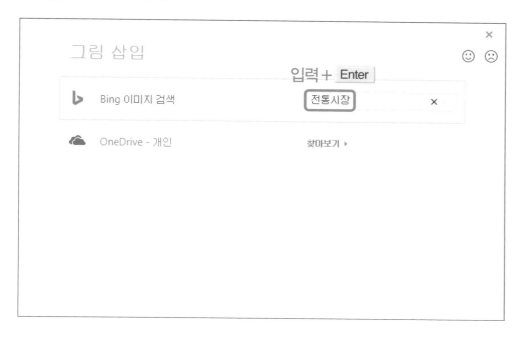

4 온라인에서 '전통시장'에 대한 그림이 검색됩니다. 삽입할 그림을 선택하고 [삽입] 단추를 클릭합니다.

[저작권자] Craig Rohn, [출처] https://www.flickr.com/photos/craig_rohn/15414327877

그림 투명도 조절하기

5 오른쪽의 [배경 서식] 작업 창에서 [투명도]-[80%]로 설정합니다.

6 작업 창의 [닫기 ✕]를 클릭합니다.

실력쑥쑥 TIP **배경 그림 모두 적용하기**

[배경 서식] 작업 창 아래에서 [모두 적용]을 클릭하면 현재 삽입된 배경 그림이 모든 슬라이드에 동일하게 삽입되고, [배경 원래대로]를 클릭하면 삽입한 그림이 사라집니다.

워드아트로 텍스트 장식하기

워드아트(WordArt)를 이용하면 텍스트를 다양한 효과의 도형으로 변환하여 강조할 수 있습니다.

워드아트 삽입하기

1 [삽입] 탭–[텍스트] 그룹에서 [WordArt 𝓐]를 클릭하고 '채우기 – 파랑, 강조 1, 윤곽선 – 배경 1, 진한 그림자 – 강조 1'을 클릭합니다.

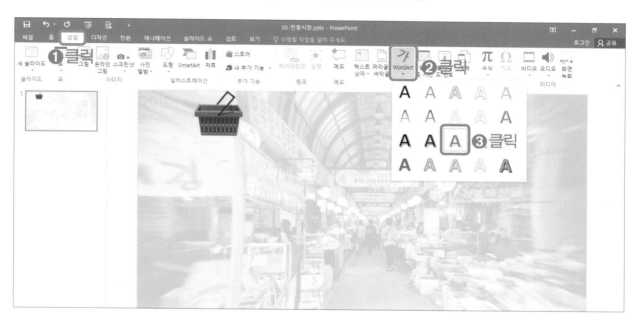

2 워드아트의 '필요한 내용을 적으십시오'에 제목으로 '전통시장 둘러보기'라고 입력합니다.

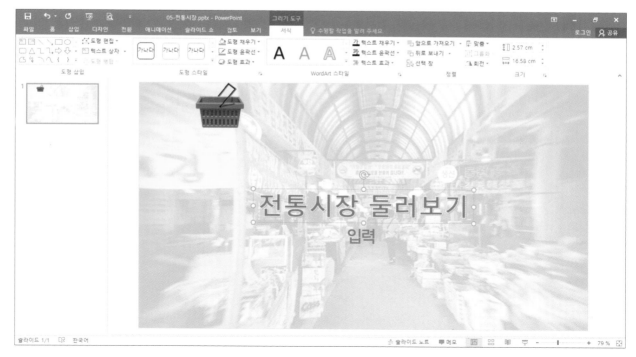

워드아트 서식 변경하기

③ 워드아트를 선택하고 [그리기 도구]-[서식] 탭-[WordArt 스타일] 그룹에서 [텍스트 채우기]-[주황, 강조 2, 25% 더 어둡게]를 클릭합니다.

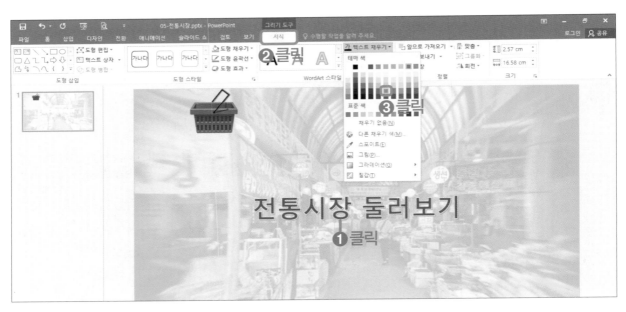

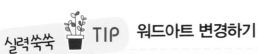 **TIP** 워드아트 변경하기

워드아트를 선택하고 [자세히 ▾]를 클릭하면 워드아트를 변경할 수 있습니다.

④ 워드아트를 선택하고 [그리기 도구]-[서식] 탭-[WordArt 스타일] 그룹에서 [텍스트 윤곽선]-[노랑]을 클릭합니다.

워드아트 효과 변경하기

⑤ 워드아트를 선택하고 [그리기 도구]-[서식] 탭-[WordArt 스타일] 그룹에서 [텍스트 효과]-[변환]-[물결 1]을 클릭합니다.

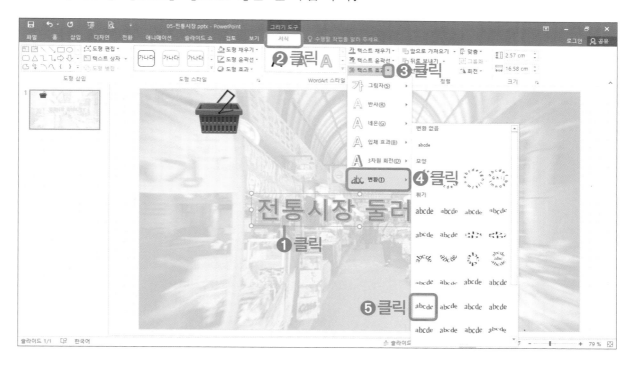

⑥ 워드아트의 테두리에서 노랑 조절점(●)을 드래그하여 원호의 모양을 변경합니다.

워드아트 크기와 위치 조절하기

7 워드아트를 선택하고 위로 드래그하여 위치를 조절합니다.

8 크기 조절점을 드래그하여 워드아트의 크기를 조절합니다.

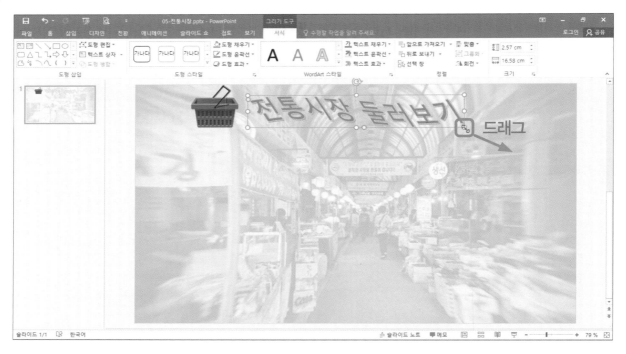

 실력쑥쑥 **TIP** 워드아트 크기 조절하기

Ctrl 키를 누른 상태에서 조절점을 드래그하면 도형의 중심점을 중심으로 크기가 조절됩니다.

실습4 스마트아트로 준비된 도형 삽입하기

스마트아트(SmartArt)를 이용하면 미리 준비된 도형을 이용하여 목록 등을 삽입할 수 있습니다.

스마트아트 삽입하기

① [삽입] 탭-[WordArt 스타일] 그룹에서 [SmartArt ⬚]를 클릭합니다.

② [SmartArt 그래픽 선택] 대화상자가 나타납니다. 목록형에서 '교대 육각형'을 선택하고 [확인] 단추를 클릭합니다.

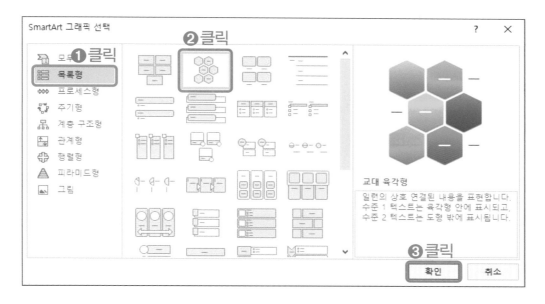

3 슬라이드에 '교대 육각형' 스마트아트가 삽입되면 '[텍스트]'를 클릭합니다.

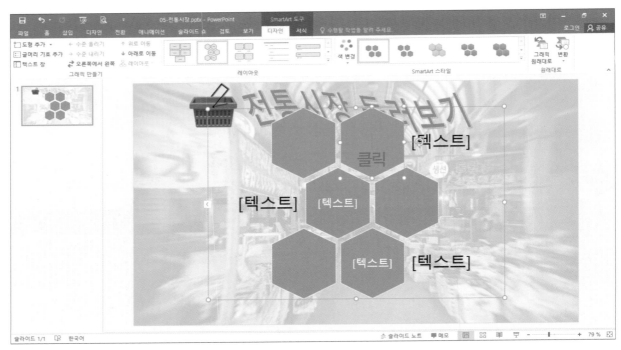

4 다음과 같이 텍스트를 입력한 후 스마트아트의 조절점을 드래그하여 크기를 조절합니다.

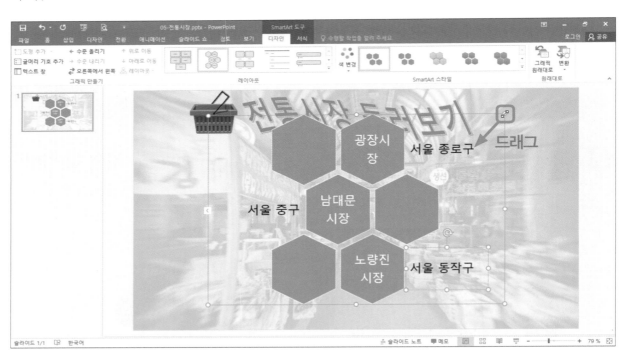

⑤ 스마트아트를 선택하고 [SmartArt 도구] – [디자인] 탭 – [SmartArt 스타일] 그룹에서 [색 변경] – [색상형 – 강조색]을 클릭합니다.

⑥ 스마트아트가 선택된 상태에서 [SmartArt 도구] – [디자인] 탭 – [SmartArt 스타일] 그룹에서 '강한 효과'를 클릭합니다.

◎ 예제 파일 : 05-서울고궁.pptx

◎ 완성 파일 : 05-서울고궁-완성.pptx

1 [빈 화면] 슬라이드 레이아웃에서 다음과 같이 그림을 삽입해 보세요.

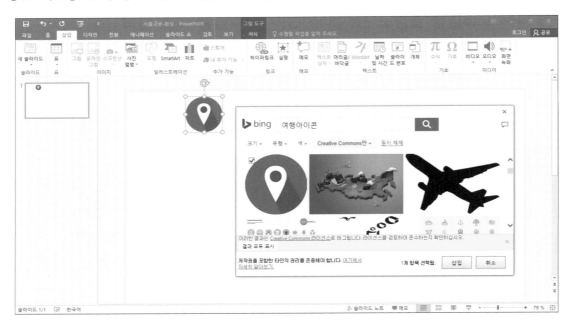

> *Hint!* [삽입]-[온라인 그림] - '여행아이콘' 검색

2 각 도형의 채우기 색과 윤곽선을 다음과 같이 변경해 보세요.

> *Hint!*
> • [디자인]-[배경 서식]-[채우기]-[온라인] - '서울문화유산' 검색,
> • [배경 서식]-[투명도]-[60%]

[저작권자] 서울컬처노믹스, [출처] https://culturenomics.tistory.com/2129

3 워드아트를 삽입하고 다음과 같이 변경해 보세요.

Hint!
- [삽입]–[WordArt]–[채우기 – 황금색, 강조 4, 부드러운 입체]
- [텍스트 채우기]–[녹색], [텍스트 윤곽선]–[연한 녹색]
- [텍스트 효과]–[변환]–[갈매기형 수장]

4 스마트아트를 삽입하고 다음과 같이 변경해 보세요.

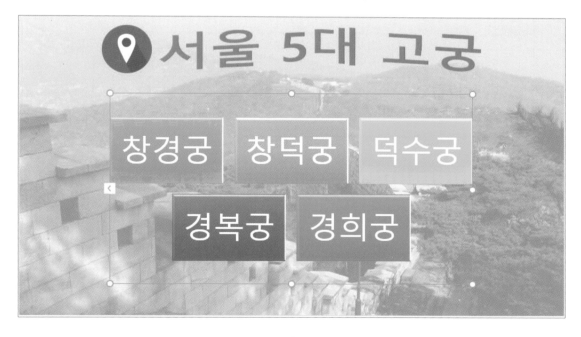

Hint!
- [삽입]–[SmartArt]–[목록형]–[기본 블록 목록형]
- [SmartArt 도구]–[디자인] 탭–[SmartArt 스타일]–[3차원–광택 처리]

06장

표와 차트 슬라이드 작성하기

 파워포인트 문서에 표를 삽입하면 목록을 깔끔하게 정리하기 좋으며, 차트를 삽입하면 숫자 데이터의 변화를 파악하기 좋습니다. 이번 장에서는 슬라이드에 표와 차트를 삽입하고 디자인을 변경하는 방법에 대해 살펴보겠습니다.

완·성·파·일 미·리·보·기

무료 동영상

◎ 06-예제 파일 : 폭염일수.pptx
● 06-완성 파일 : 폭염일수-완성.pptx

순위	폭염 현황 (6.1~8.16)	
	연도	일수
1위	2018년	29.2일
2위	1994년	27.5일
3위	2016년	16.4일
4위	2004년	15.6일
5위	1978년	14.7일

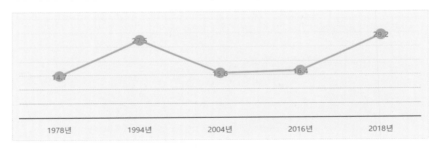

체·크·포·인·트

실습1 슬라이드에 표를 삽입해 봅니다.
실습2 표의 디자인을 변경해 봅니다.
실습3 슬라이드에 차트를 삽입해 봅니다.
실습4 차트의 디자인을 변경해 봅니다.

실습1 슬라이드에 표 삽입하기

슬라이드에 표를 삽입하면 데이터를 일목요연하게 정리할 수 있습니다. 여기에서는 7행 3열의 표를 삽입해 봅니다.

슬라이드에 표, 행, 열 삽입하기

1 [빈 화면] 슬라이드에서 [삽입] 탭-[표] 그룹에서 [표 ⊞]를 클릭한 후 드래그하여 '2x7 표'를 그립니다.

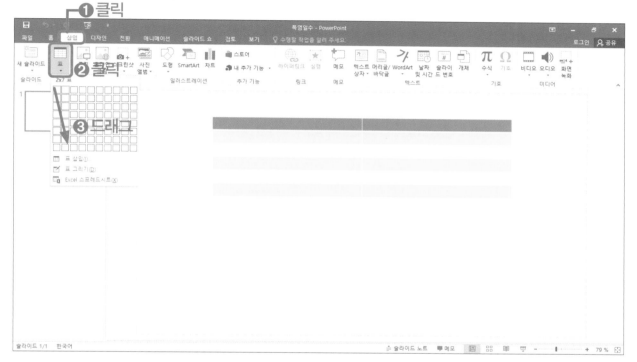

실력쑥쑥 🌱 TIP **표의 행과 열**

표는 가로 방향의 '행'과 세로 방향의 '열'로 구성되는데, 예를 들어 3행 4열의 표는 가로로 3줄, 세로로 4줄의 표를 말합니다. 그리고 각각의 행과 열이 만나는 곳을 '셀'이라고 부릅니다.

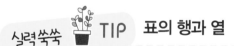

❷ 아래쪽에 1행을 삽입하기 위해 7행에 커서를 위치시킨 후 [표 도구]−[레이아웃]
탭−[행 및 열] 그룹에서 [아래에 삽입 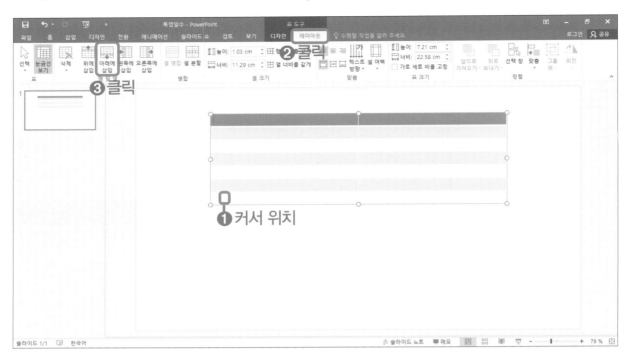]을 클릭합니다.

실력쑥쑥 TIP 표의 행 삽입

행을 삽입할 경우 커서가 위치한 행의 아래에 삽입되고, 행을 삭제할 경우 커서가 위치한 행이
삭제됩니다. 열의 경우도 마찬가지입니다.

❸ 오른쪽에 1열을 삽입하기 위해 2열에 커서를 위치시킨 후 [표 도구]−[레이아웃]
탭−[행 및 열] 그룹에서 [오른쪽에 삽입]을 클릭합니다.

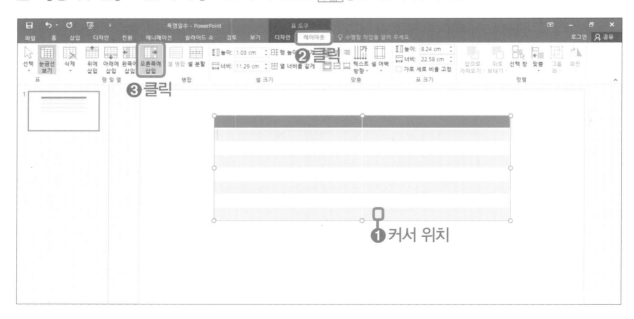

4 삽입된 행을 삭제하기 위해 8행에 커서를 위치시킨 후 [표 도구]-[레이아웃] 탭-[행 및 열] 그룹에서 [삭제 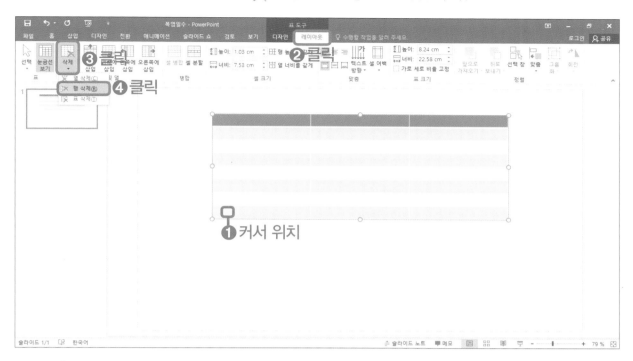]-[행 삭제]를 클릭합니다.

실력쑥쑥 TIP **표 삭제**

[표 도구]-[레이아웃] 탭-[행 및 열] 그룹에서 [삭제]-[표 삭제]를 클릭하면 선택한 표가 삭제됩니다.

5 7행 3열의 표에 다음과 같이 내용을 입력합니다.

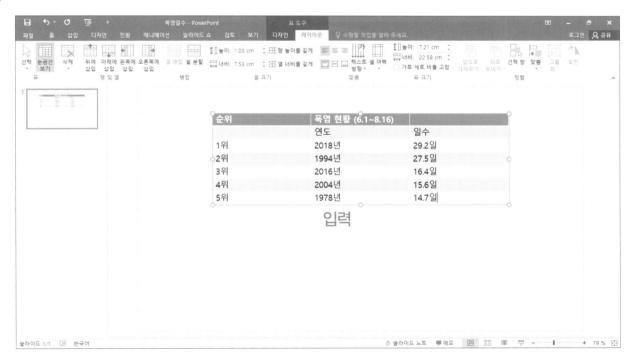

셀 병합하기

6 1행 2열과 1행 3열의 두 셀을 선택하고 [표 도구]-[레이아웃] 탭-[병합] 그룹에서 [셀 병합 ▦]을 클릭합니다.

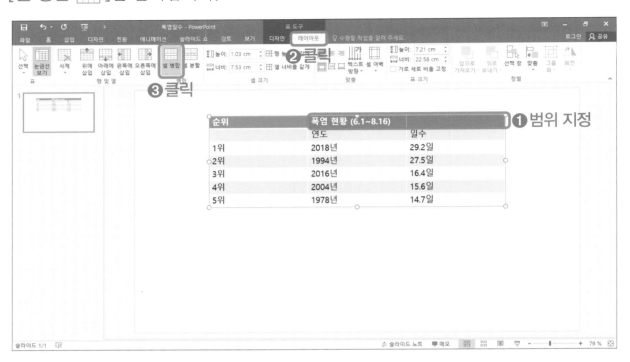

7 1행 1열과 2행 1열의 두 셀을 선택하고 [표 도구]-[레이아웃] 탭-[병합] 그룹에서 [셀 병합 ▦]을 클릭합니다.

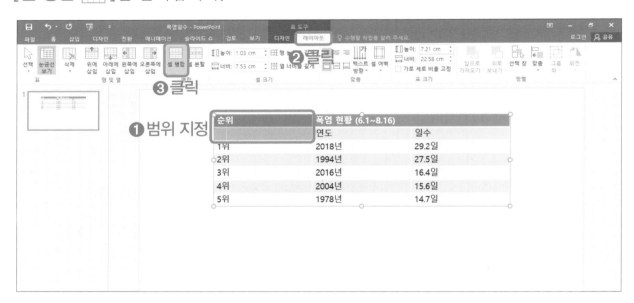

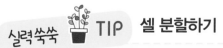 **TIP** 셀 분할하기

[표 도구]-[레이아웃] 탭-[병합] 그룹에서 [셀 분할 ▦]을 클릭하면 셀을 여러 개의 행이나 열로 분할할 수 있습니다.

텍스트 정렬하기

❽ 표를 선택하고 [표 도구]-[레이아웃] 탭-[맞춤] 그룹에서 [가운데 맞춤 ≡]을 클릭합니다.

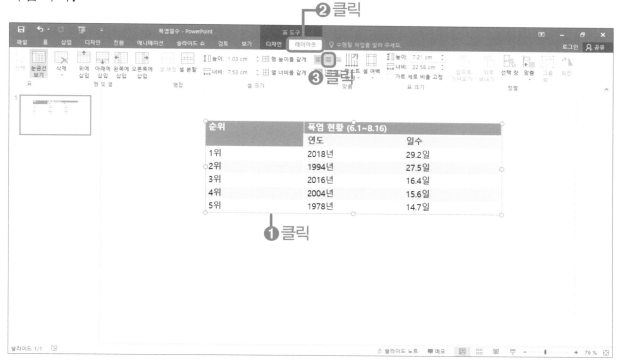

❾ 표를 선택하고 [표 도구]-[레이아웃] 탭-[맞춤] 그룹에서 [세로 가운데 맞춤 ≣]을 클릭합니다.

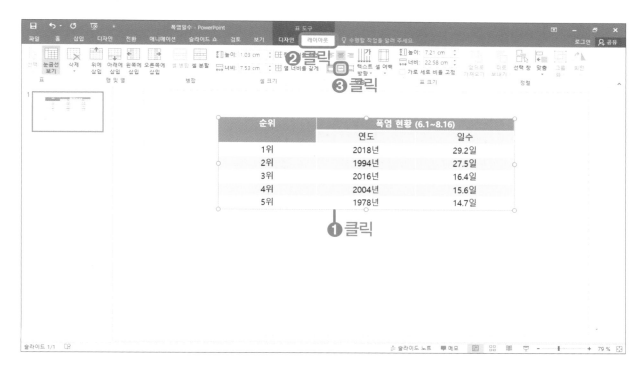

실습2 슬라이드 표 디자인하기

슬라이드에 삽입된 표는 표 도구를 이용하여 디자인과 서식을 변경할 수 있습니다.

표 스타일 변경하기

1 표를 선택하고 [표 도구]-[디자인] 탭-[표 스타일] 그룹에서 '보통 스타일 2-강조 2'를 클릭합니다.

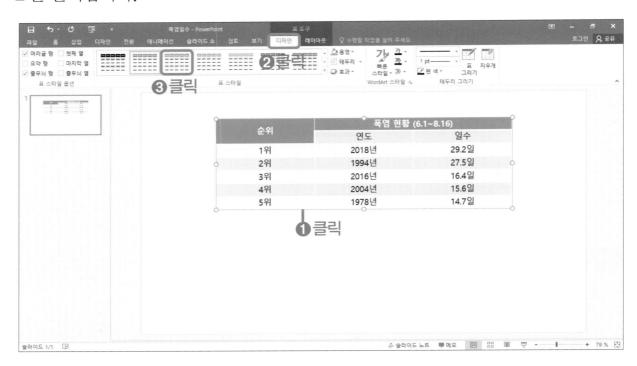

2 2행 2열과 2행 3열의 두 셀을 선택하고 [표 도구]-[디자인] 탭-[표 스타일] 그룹에서 [음영 🖌]-[주황, 강조 2, 40% 더 밝게]를 클릭합니다.

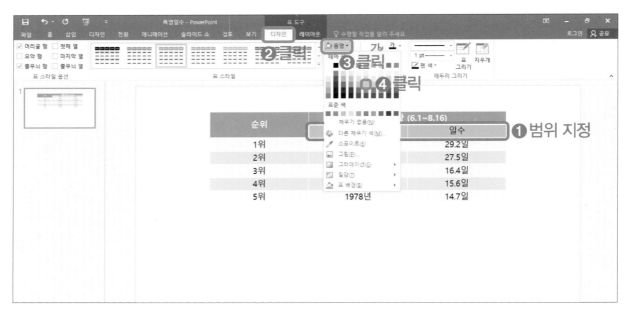

98 파워포인트 2016

표 테두리 변경하기

3 3행을 선택하고 [표 도구]-[디자인] 탭-[테두리 그리기] 그룹에서 [펜 두께]-[3 pt]를 클릭합니다.

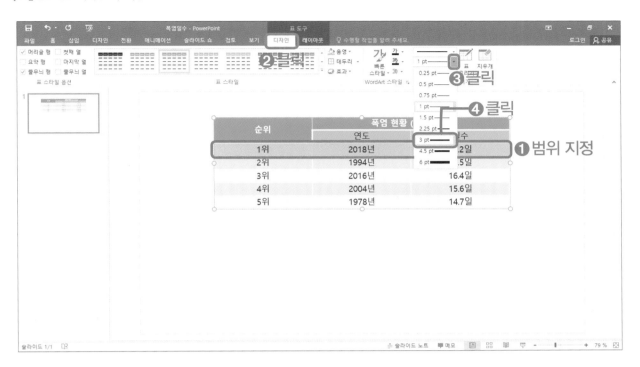

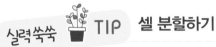 **실력쑥쑥 TIP** 셀 분할하기

[표 도구]-[디자인] 탭-[테두리 그리기] 그룹에서 [펜 스타일]을 클릭하면 테두리의 종류를 선택할 수 있습니다.

4 계속해서 [표 도구]-[디자인] 탭-[테두리 그리기] 그룹에서 [펜 색 ✎]-[진한 빨강]을 클릭합니다.

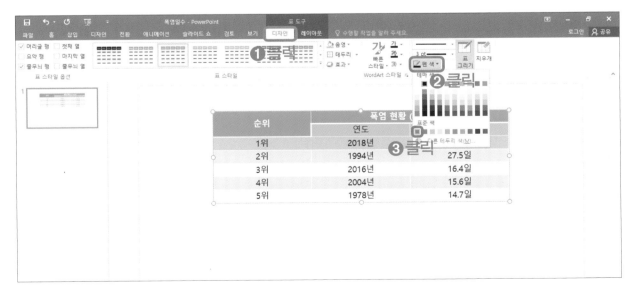

5 [표 도구]-[디자인] 탭-[표 스타일] 그룹에서 [테두리]-[바깥쪽 테두리]를 클릭합니다.

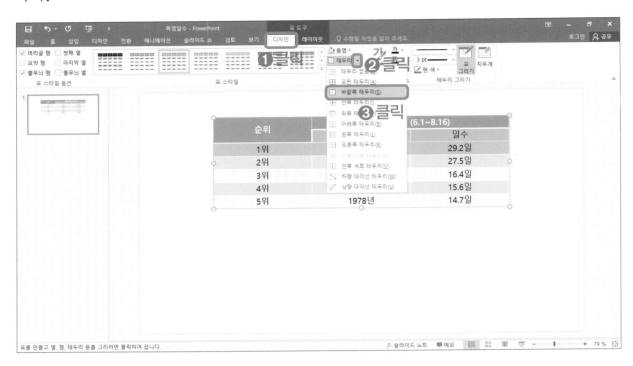

글꼴 색 변경하기

6 3행을 선택하고 [표 도구]-[디자인] 탭-[WordArt 스타일] 그룹에서 [텍스트 채우기 가 ▾]-[진한 빨강]을 클릭합니다.

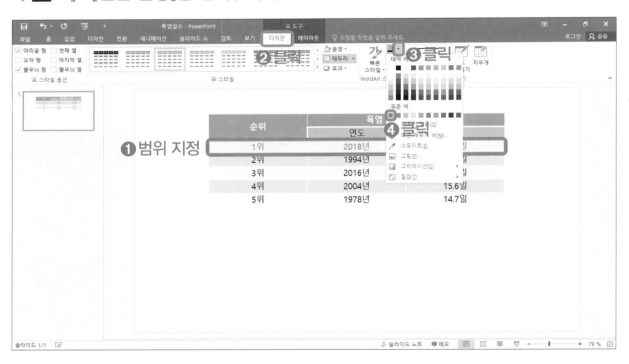

표에 그림자 효과주기

7 표를 선택하고 [표 도구]–[디자인] 탭–[표 스타일] 그룹에서 [효과 ⬜]–[그림자]–[원근감 대각선 오른쪽 위]를 클릭합니다.

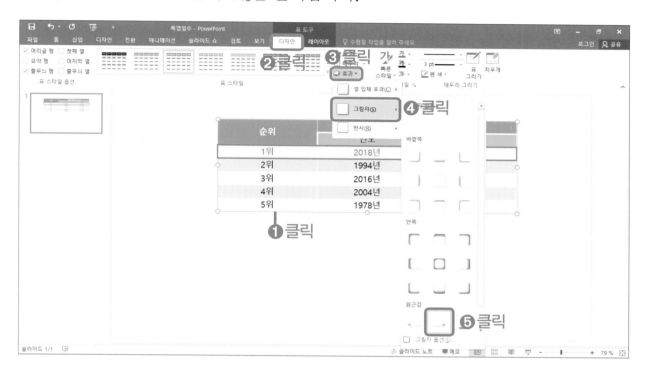

8 슬라이드의 빈 곳을 클릭하여 표에 설정된 그림자 효과를 확인합니다.

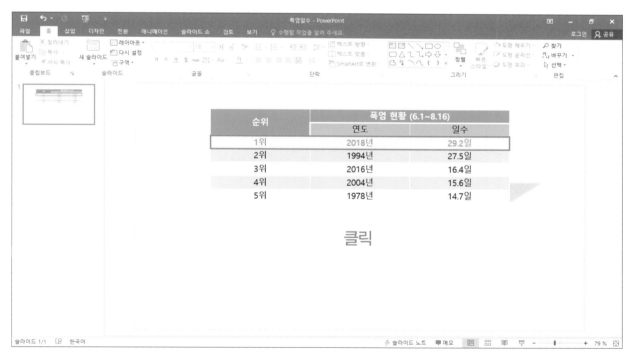

실습 3 슬라이드에 차트 삽입하기

슬라이드에 차트를 삽입하면 데이터의 변화를 파악하기 좋습니다.

표에 차트 삽입하기

1 [삽입] 탭–[일러스트레이션] 그룹에서 [차트 █▌]를 클릭합니다.

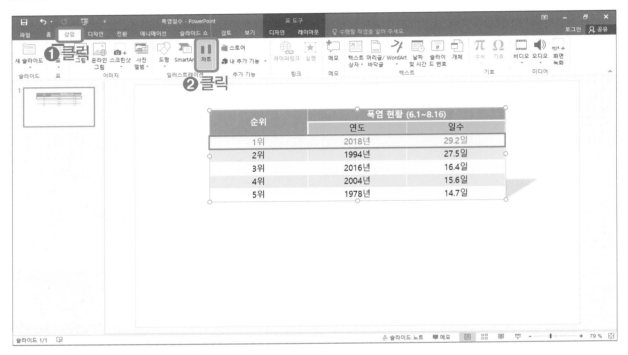

2 [차트 삽입] 대화상자에서 [세로 막대형]–[묶은 세로 막대형]을 선택하고 [확인] 단추를 클릭합니다.

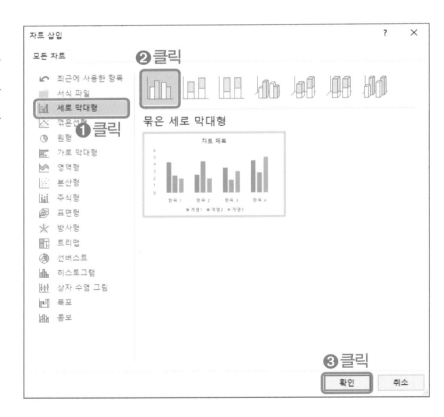

❸ [Microsoft PowerPoint의 차트] 창에 다음과 같이 내용을 입력하고, 표 테두리를 데이터가 입력된 셀에 맞게 조절한 후 [닫기 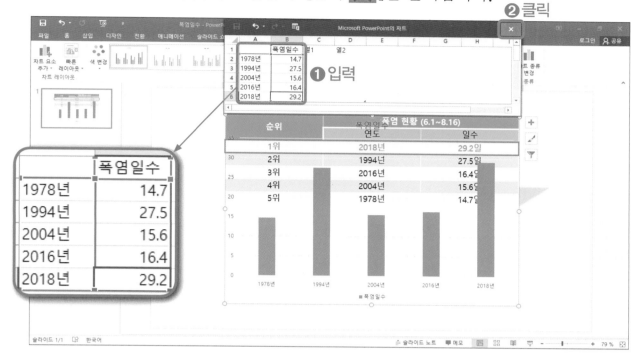]를 클릭합니다.

❹ 차트 모서리의 조절점을 드래그하여 크기를 작게 조절합니다.

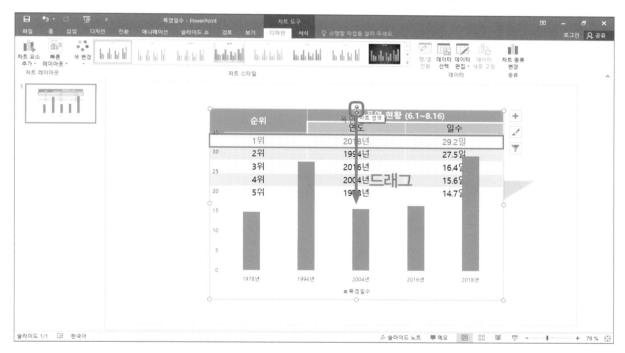

차트 변경하기

5 차트를 선택하고 [차트 도구]–[디자인] 탭–[종류] 그룹에서 [차트 종류 변경 ⬛] 을 클릭합니다.

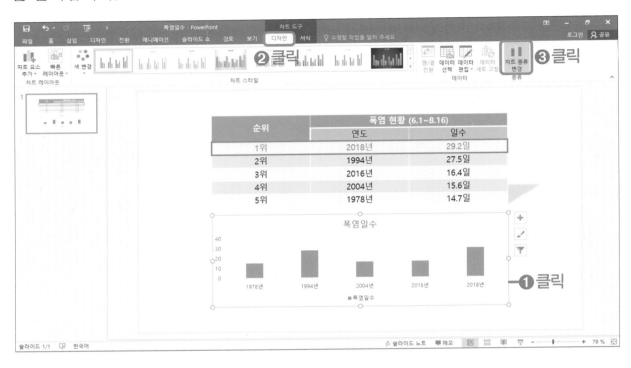

6 [차트 종류 변경] 대화상자에서 [꺾은선형]–[꺾은선형]을 선택하고 [확인] 단추를 클릭합니다.

차트 구성 요소 변경하기

7 차트 제목을 지우기 위해 차트를 선택하고 [차트 요소 ➕]-[차트 제목]을 클릭하여 체크 표시를 해제합니다.

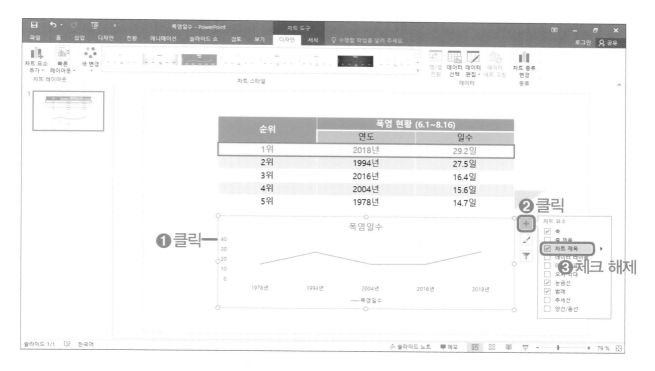

8 데이터 레이블을 추가하기 위해 차트를 선택하고 [차트 요소 ➕]-[데이터 레이블]을 클릭하여 체크 표시를 합니다.

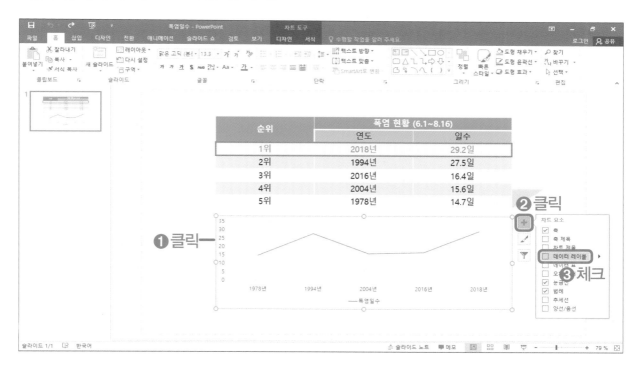

9 범례를 지우기 위해 차트를 선택하고 [차트 요소 ➕]-[범례]를 클릭하여 체크 표시를 해제합니다.

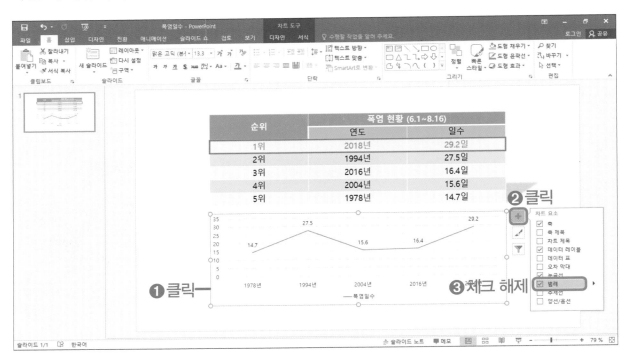

10 슬라이드의 빈 곳을 클릭하여 변경된 차트를 확인합니다.

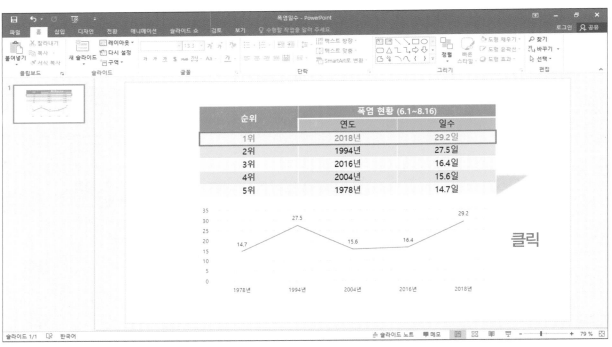

슬라이드 차트 디자인하기

슬라이드 차트는 차트 도구를 이용하여 디자인과 서식을 변경할 수 있습니다.

차트 스타일 변경하기

1 차트를 선택하고 [차트 도구]-[디자인] 탭-[차트 스타일] 그룹에서 '스타일 2'를 클릭합니다.

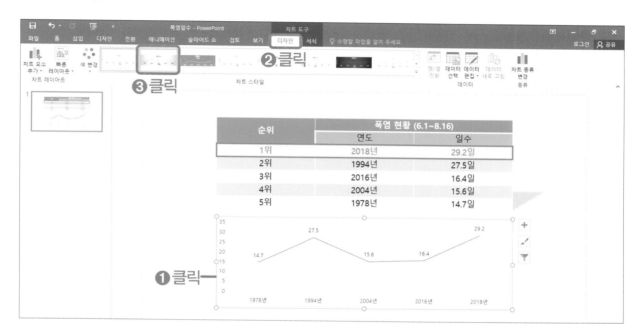

2 계속해서 [차트 도구]-[디자인] 탭-[차트 스타일] 그룹에서 [색 변경 ∴]-[색 3]을 클릭합니다.

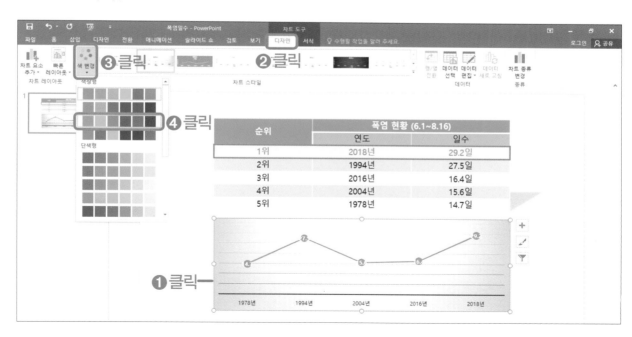

❸ 데이터 레이블 값을 선택하고 [차트 도구]-[서식] 탭-[WordArt 스타일] 그룹에서 [텍스트 채우기 가 ▾]-[진한 빨강]을 클릭합니다.

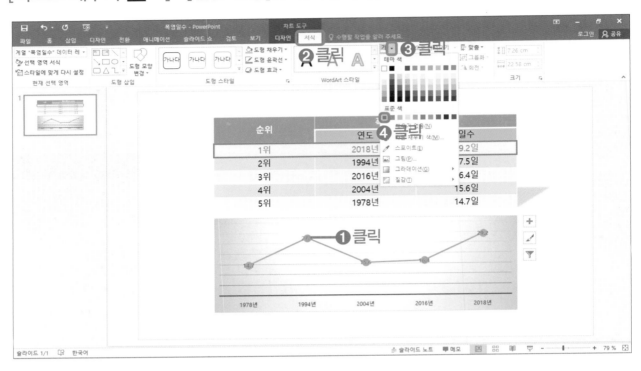

❹ 차트 영역을 마우스 오른쪽 단추로 클릭한 후 [차트 영역 서식]을 클릭합니다.

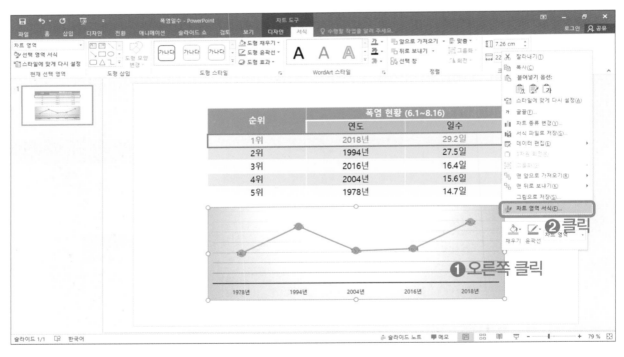

⑤ 오른쪽 [차트 영역 서식] 작업 창에서 [채우기]-[단색 채우기]-[채우기 색 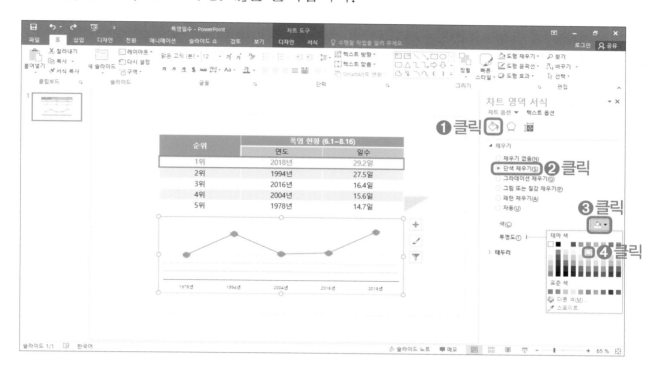]
-[주황, 강조 2, 80% 더 밝게]를 클릭합니다.

⑥ [차트 영역 서식] 작업 창의 [닫기]를 클릭합니다.

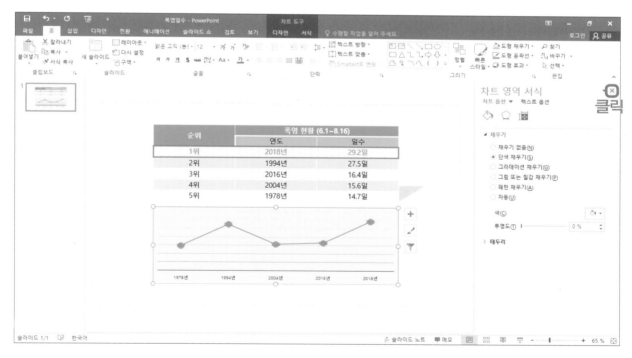

◎ 예제 파일 : 06-열대야일수.pptx
◎ 완성 파일 : 06-열대야일수-완성.pptx

1 [빈 화면] 슬라이드 레이아웃에서 다음과 같이 표를 삽입하고 데이터를 입력해 보세요.

순위	열대야 현황 (6.1~8.16)	
	연도	일수
1위	1994년	16.6일
2위	2018년	15.7일
3위	2013년	13.4일
4위	2017년	9.2일
5위	2010년	9.2일

Hint!
- [삽입] 탭-[표] 그룹-[표]-[3x7 표]
- [표 도구]-[레이아웃] 탭-[병합] 그룹-[셀 병합]
- [표 도구]-[레이아웃] 탭-[맞춤] 그룹-[가운데 맞춤], [세로 가운데 맞춤]

2 표 스타일을 다음과 같이 변경해 보세요.

- 표 스타일 : 타일 2 - 강조 2
- 표 음영 : 황금색, 강조 4, 40% 더 밝게
- 표 테두리 : '두께 : 3 pt', '펜 색 : 진한 빨강'
- 텍스트 채우기 : '흰색, 배경1', '검정, 텍스트 1', '진한 빨강'

순위	열대야 현황 (6.1~8.16)	
	연도	일수
1위	1994년	16.6일
2위	2018년	15.7일
3위	2013년	13.4일
4위	2017년	9.2일
5위	2010년	9.2일

Hint!
- [표 도구]-[디자인] 탭-[표 스타일] 그룹-[보통 스타일 2 - 강조 2]
- [표 도구]-[디자인] 탭-[표 스타일] 그룹-[음영]-[황금색, 강조 4, 40% 더 밝게]
- [표 도구]-[디자인] 탭-[테두리 그리기] 그룹-[펜 두께]-[3 pt]
- [표 도구]-[디자인] 탭-[테두리 그리기] 그룹-[펜 색]-[진한 빨강]
- [표 도구]-[디자인] 탭-[표 스타일] 그룹-[테두리]-[바깥쪽 테두리]
- [표 도구]-[디자인] 탭-[WordArt 스타일] 그룹-[텍스트 채우기]-[진한 빨강]

3 차트를 삽입하고 다음과 같이 변경해 보세요.

| 순위 | 열대야 현황 (6.1~8.16) | |
	연도	일수
1위	1994년	16.6일
2위	2018년	15.7일
3위	2013년	13.4일
4위	2017년	9.2일
5위	2010년	9.2일

Hint! • [삽입] 탭–[일러스트레이션] 그룹에서– [차트]–[꺾은선형]
· [차트 요소]–[축], [데이터 레이블], [눈금선]

4 차트 스타일을 다음과 같이 변경해 보세요.

– 차트 스타일 : '스타일 2'   – 색 변경 : '색 8'
– 텍스트 스타일 : '진한 빨강'   – 차트 영역 : '황금색, 강조 4, 80% 더 밝게'

| 순위 | 열대야 현황 (6.1~8.16) | |
	연도	일수
1위	1994년	16.6일
2위	2018년	15.7일
3위	2013년	13.4일
4위	2017년	9.2일
5위	2010년	9.2일

Hint! • [차트 도구]–[디자인] 탭–[차트 스타일] 그룹–[스타일 2]
· [차트 도구]–[디자인] 탭–[차트 스타일] 그룹에서 [색 변경]–[색 8]
· [차트 도구]–[서식] 탭–[WordArt 스타일] 그룹에서 [텍스트 스타일]–[진한 빨강]
· [차트 영역 서식]–[채우기]–[단색 채우기]–[황금색, 강조 4, 80% 더 밝게]

07 장 비디오와 오디오 슬라이드 작성하기

파워포인트 문서에 비디오와 오디오를 삽입하면 시청각적으로 내용을 효과적으로 설명할 수 있습니다. 이번 장에서는 슬라이드에 온라인 비디오와 소리 파일을 삽입하고 서식을 변경하는 방법에 대해 살펴보겠습니다.

완성파일 미리보기

무료 동영상

◎ 예제 파일 : 07-사회적 거리 두기.pptx
● 완성 파일 : 07-사회적 거리 두기-완성.pptx

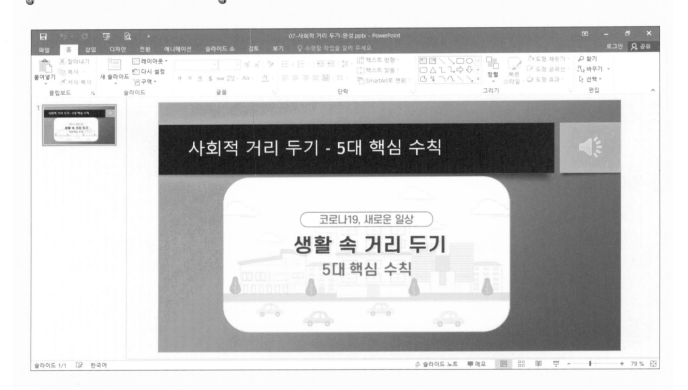

체크포인트

실습1   슬라이드에 온라인 비디오를 삽입해 봅니다.
실습2   비디오 스타일을 변경해 봅니다.
실습3   슬라이드에 소리 파일을 삽입해 봅니다.
실습4   오디오 스타일을 변경해 봅니다.

슬라이드에 비디오 삽입하기

슬라이드에 비디오를 삽입하면 내용을 더욱 효과적으로 설명할 수 있습니다. 여기에서는 질병관리본부에서 제공하는 비디오를 삽입해 봅니다.

비디오 파일 다운로드하기

1 질병관리본부 홈페이지(www.cdc.go.kr)로 이동한 후 [알림·자료]−[홍보자료]−[영상자료]를 클릭합니다.

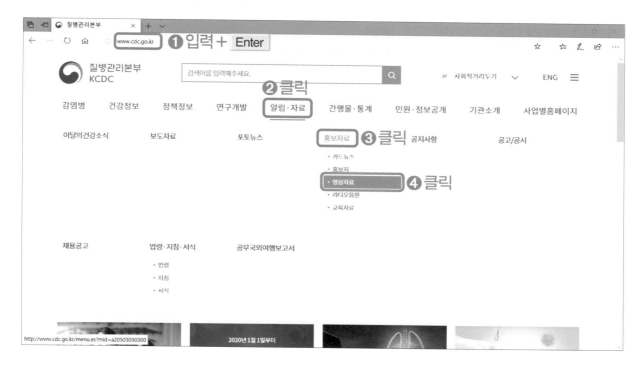

2 영상자료 목록에서 [코로나19 새로운 일상 5대 핵심 수칙]을 클릭합니다.

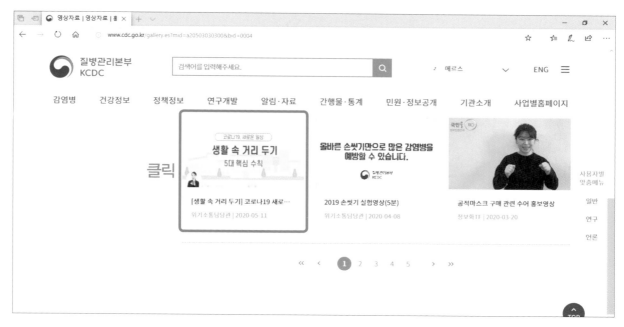

③ 영상의 다운로드 바로가기(웹하드) 주소 중 '20초'를 클릭합니다.

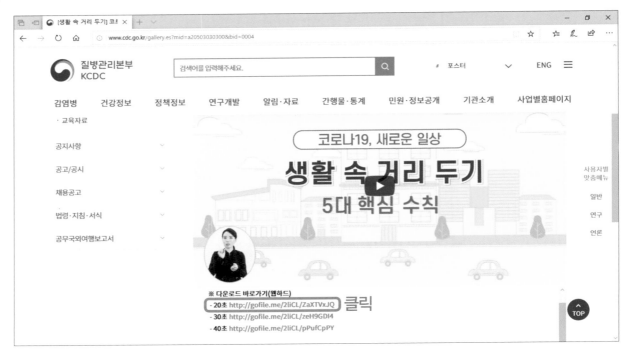

④ [저장]을 클릭하면 내 컴퓨터의 [다운로드] 폴더에 동영상 파일이 다운로드됩니다.

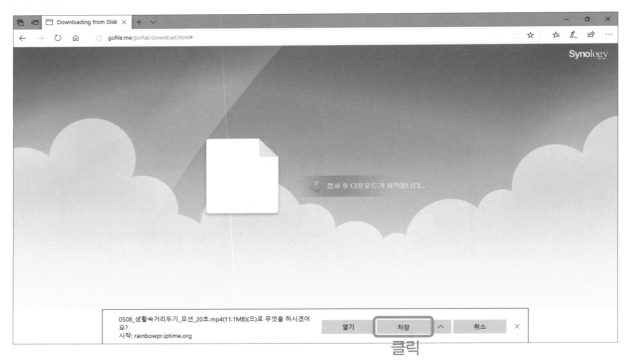

실력쑥쑥 🌱 TIP **다른 이름으로 저장하기**

[저장] 옆의 [∧]을 클릭하고 [다른 이름으로 저장]을 클릭하면 원하는 폴더를 지정하여 다운로드를 할 수 있습니다.

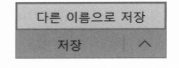

슬라이드에 온라인 비디오 삽입하기

5 [빈 화면] 슬라이드의 [삽입] 탭-[미디어] 그룹에서 [비디오 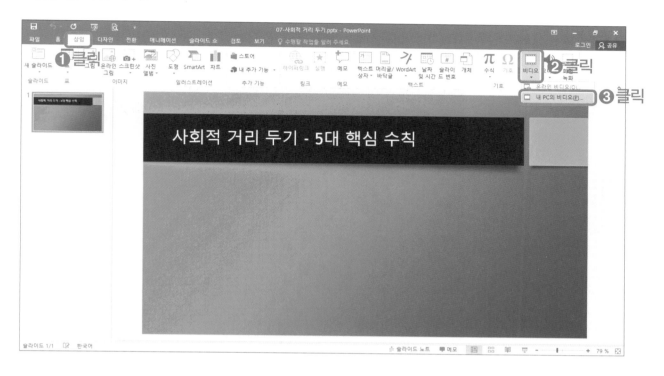]-[내 PC의 비디오]를 클릭합니다.

6 [비디오 삽입] 창의 [다운로드] 폴더에서 다운로드한 동영상 파일을 선택하고 [삽입] 단추를 클릭합니다.

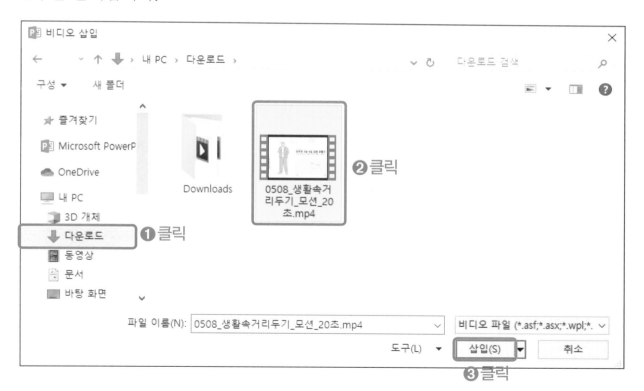

7 비디오가 삽입되면 흰색 조절점(○)을 드래그하여 크기를 조절하고, 비디오를 드래그하여 슬라이드 중앙으로 위치를 이동합니다.

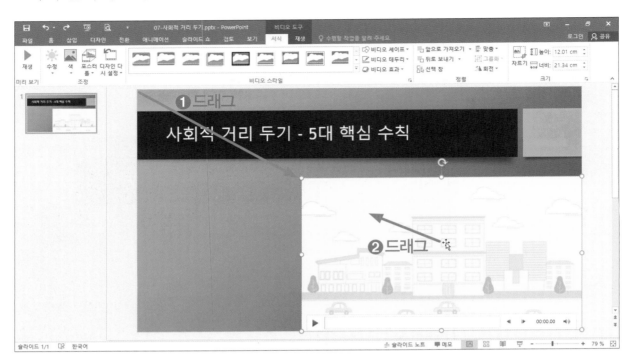

8 비디오를 선택하고 [비디오 도구]-[서식] 탭-[미리 보기] 그룹에서 [재생 ▶]을 클릭하여 비디오를 재생해 봅니다.

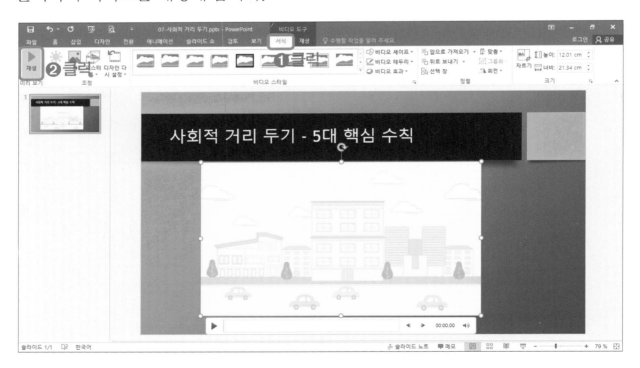

비디오 서식 변경하기

⑨ 비디오 하단의 재생 도구에서 비디오의 제목이 나오는 1초 30~40 사이 구간을 클릭합니다.

⑩ [비디오 도구]-[서식] 탭-[조정] 그룹에서 [포스터 틀]-[현재 틀]을 클릭합니다.

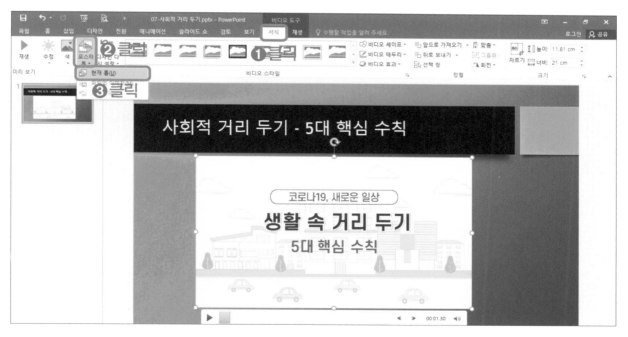

 **TIP** 포스터 틀 설정하기

포스터 틀이란 비디오의 첫 화면(또는 표지)을 말합니다. 포스터 틀에서 설정한 시간대의 화면이 비디오의 첫 화면으로 표시됩니다.

⑪ [비디오 도구]-[서식] 탭-[비디오 스타일] 그룹에서 [비디오 셰이프]-[모서리가 둥근 직사각형]을 클릭합니다.

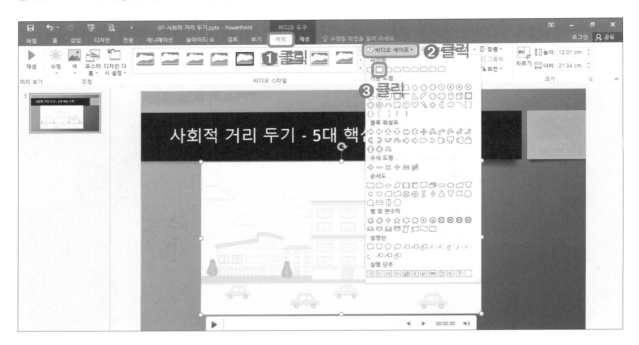

⑫ 계속해서 [비디오 도구]-[서식] 탭-[비디오 스타일] 그룹에서 [비디오 테두리]-[다홍, 강조 6]을 클릭합니다.

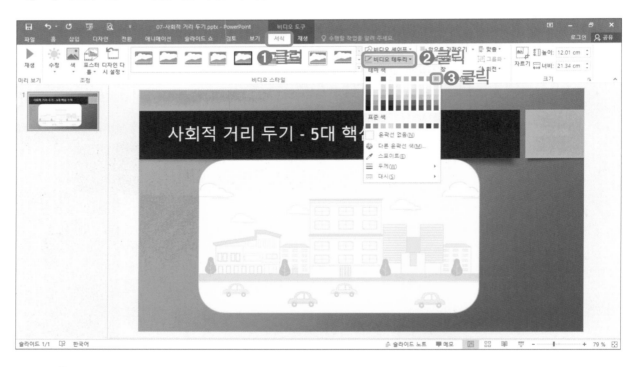

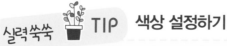 TIP **색상 설정하기**

파워포인트 2016 버전은 프로그램 구매 시기나 업데이트 여부에 따라 일부 메뉴명이 다를 수 있으므로, 교재에서 설명한 색상이 없을 경우 임의의 색을 지정합니다.

실습2 # 슬라이드에 오디오 파일 삽입하기

슬라이드에 소리를 삽입하면 청각적인 효과를 줄 수 있습니다. 여기에서는 질병관리본부에서 제공하는 라디오 음원을 삽입해 봅니다.

오디오 파일 다운로드하기

1 질병관리본부 홈페이지(www.cdc.go.kr)로 이동한 후 [알림·자료]-[홍보자료]-[라디오 음원]을 클릭합니다.

2 리디오 음원 목록에서 '[EBS 해피투게더] 해외감염병나우'를 클릭합니다.(또는 검색 란에서 '[EBS 해피투게더] 해외감염병나우'를 입력하여 찾습니다.)

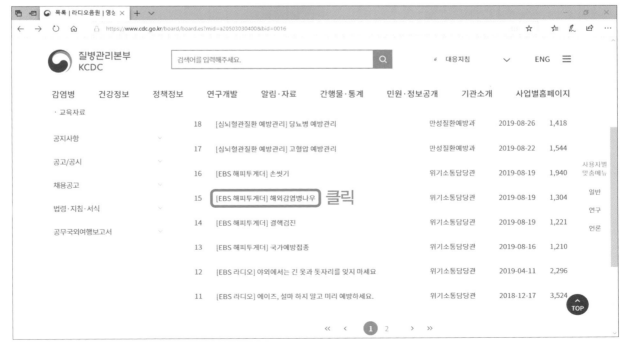

3 첨부 파일의 '[EBS 해피투게더] 해외감영병 나우.wav'를 클릭합니다.

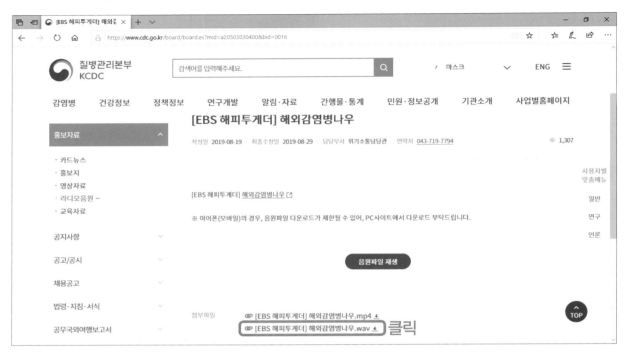

4 [저장]을 클릭하면 내 컴퓨터의 [다운로드] 폴더에 동영상 파일이 다운로드됩니다.

슬라이드에 오디오 파일 삽입하기

5 [빈 화면] 슬라이드에서 [삽입] 탭−[미디어] 그룹에서 [오디오 ◀»]−[내 PC의 오디오]를 클릭합니다.

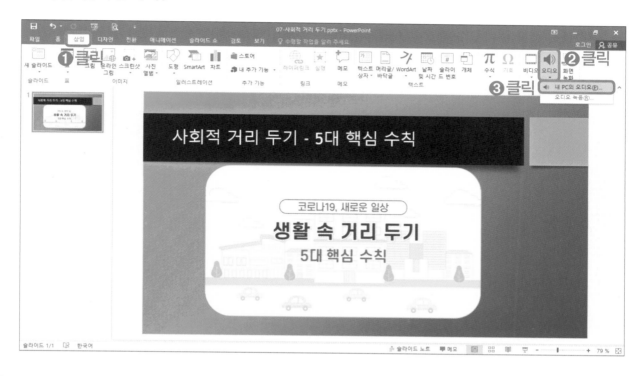

6 [오디오 삽입] 대화상자에서 [다운로드] 폴더로 이동하고 '[EBS 해피투게더] 해외감염병 나우.wav' 파일을 선택한 후 [삽입] 단추를 클릭합니다.

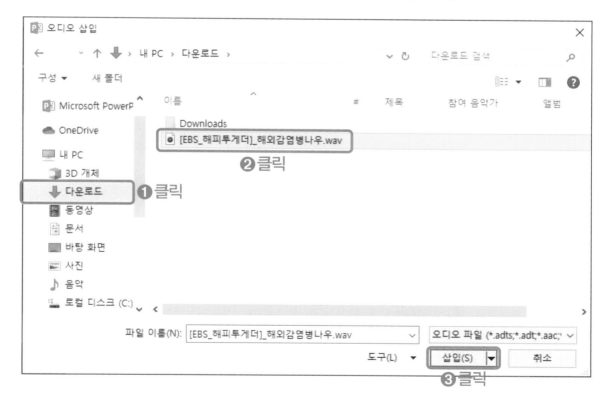

TIP 오디오 파일 불러오기

[오디오 삽입] 대화상자의 [다운로드]에서 해당 오디오 파일이 보이지 않을 경우 우측 하단에서 [모든 파일]로 확장자를 변경하여 찾을 수 있습니다.

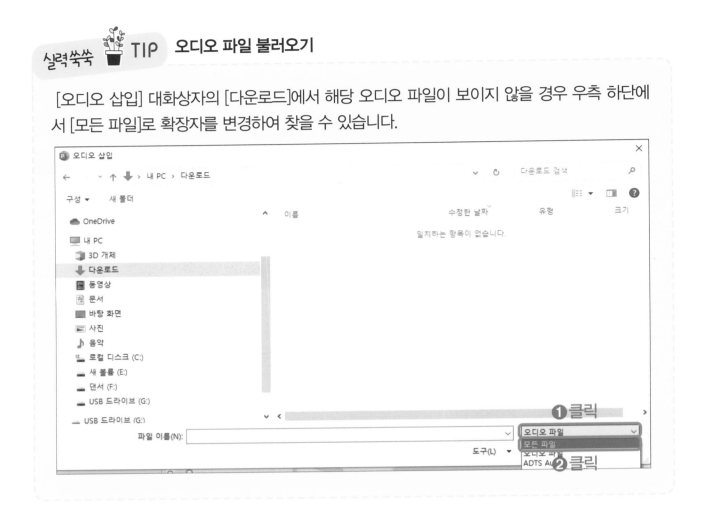

❼ 오디오 파일이 삽입되면 [재생]을 클릭하여 소리 파일을 확인합니다. 그런 다음 소리 아이콘을 원하는 위치로 드래그합니다.

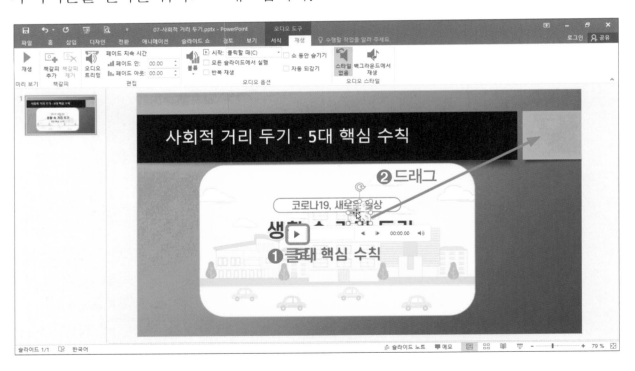

오디오 서식과 재생 변경하기

8 소리 아이콘을 선택하고 [오디오 도구]-[서식] 탭-[조정] 그룹에서 [색]-[주황, 밝은 강조색 1]을 클릭합니다.

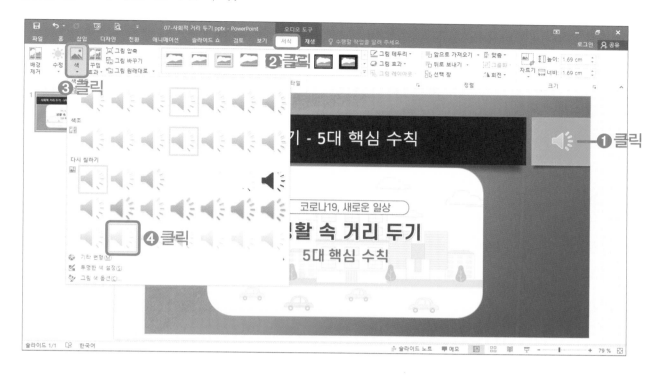

9 소리 아이콘을 선택하고 [오디오 도구]-[재생] 탭-[편집] 그룹에서 [오디오 트리밍]을 클릭합니다.

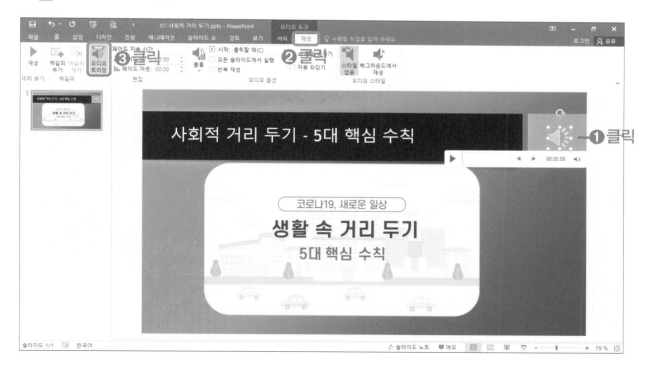

⑩ [오디오 맞추기] 대화상자가 나타납니다. 소리 파일의 시작과 끝 위치를 조절한 후 [확인] 단추를 클릭합니다.

 **오디오 재생 시간 조정하기**

[오디오 맞추기] 대화상자에서 시작 시간과 끝 시간을 조정하면 조정한 시간의 소리만 재생합니다.

⑪ [재생]을 클릭하여 소리 파일을 확인합니다.

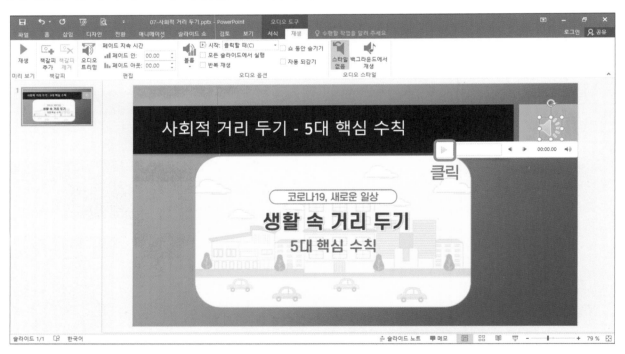

1 질병관리본부 홈페이지에서 '(45초) 까투리와 함께하는 감영병 예방수칙'이라는 온라인 비디오를 다운로드하여 삽입해 보세요.

– 질병관리본부 홈페이지(www.cdc.go.kr) : [알림·자료]–[홍보자료]–[영상자료]–(45초) 까투리와 함께하는 감영병 예방수칙.mp4

2 비디오 셰이프를 '양쪽 모서리가 둥근 사각형'으로 변경하고, 비디오 테두리를 '파랑'으로 변경해 보세요.

– 비디오 셰이프 : 양쪽 모서리가 둥근 사각형
– 비디오 테두리 : 파랑

3 질병관리본부 홈페이지에서 '손씻기'라는 라디오 음원을 검색하여 삽입해 보세요.

– 질병관리본부 홈페이지(www.cdc.go.kr) : [알림·자료]–[홍보자료]–[라디오 음원]–[EBS 해피투게더] 손씻기.wav

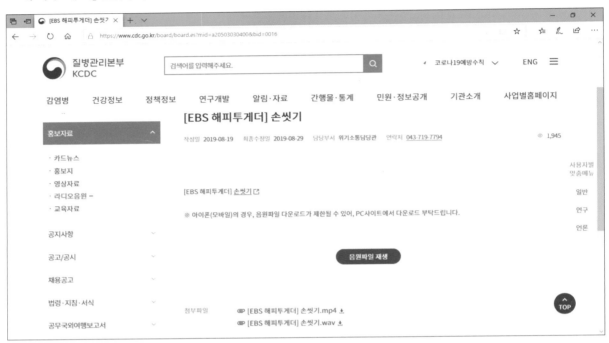

4 소리 아이콘의 색 채도를 400%로 변경해 보세요.

– [오디오 도구]–[서식] 탭–[조정] 그룹에서 [색 채도]–[채도: 400%]

08장 애니메이션 효과 활용하기

파워포인트 문서에 애니메이션 효과를 지정하면 발표할 때 청중들의 시선을 사로잡을 수 있습니다. 이번 장에서는 슬라이드의 화면 전환 효과와 텍스트 상자 및 차트에 애니메이션 효과를 지정하는 방법에 대해 살펴보겠습니다.

완성파일 미리보기

무료 동영상

◎ 예제 파일 : 08-태풍대비.pptx
◎ 완성 파일 : 08-태풍대비-완성.pptx

체크포인트

실습1 슬라이드에 화면 전환 효과를 지정해 봅니다.

실습2 화면 전환 효과의 옵션을 변경해 봅니다.

실습3 개체에 애니메이션 효과를 지정해 봅니다.

실습4 애니메이션 효과의 옵션을 변경해 봅니다.

실습 1 슬라이드에 화면 전환 효과 지정하기

화면 전환 효과를 지정하면 현재 슬라이드에서 다음 슬라이드로 넘어갈 때 다양한 효과를 지정할 수 있습니다. 여기에서는 화면 전환 효과의 지정과 변경 방법에 대해 살펴보겠습니다.

화면 전환 효과 지정하기

1 [전환] 탭–[슬라이드 화면 전환] 그룹에서 [자세히 ▼]를 클릭합니다.

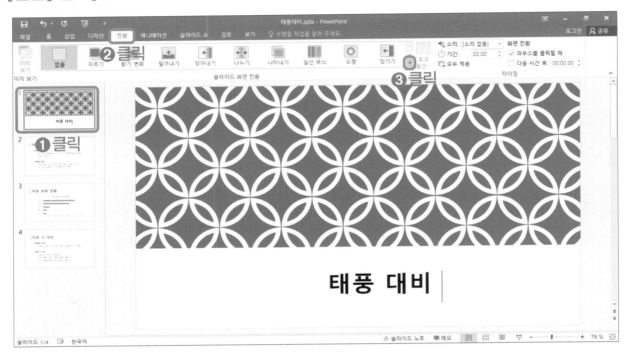

2 화면 전환 효과 목록이 나타나면 [화려한 효과]–[페이지 말아 넘기기]를 클릭합니다.

❸ 슬라이드 화면 전환 효과가 잠깐 지나가는데, 다시 보려면 [전환] 탭-[미리 보기] 그룹에서 [미리 보기 ▣]를 클릭합니다.

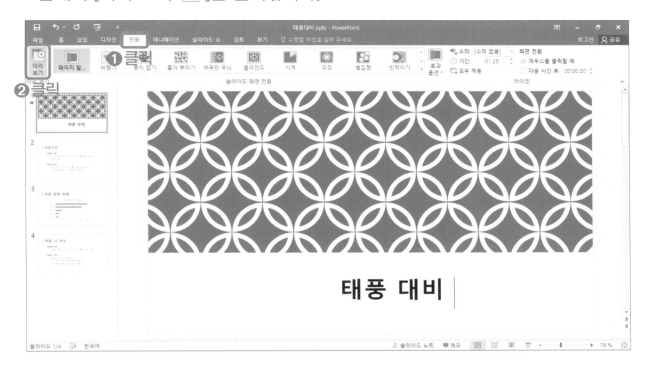

❹ 현재는 1번 슬라이드에만 적용되어 있는데, 모든 슬라이드에 적용하기 위해 [전환] 탭-[타이밍] 그룹에서 [모두 적용 ▣]을 클릭합니다.

실력쑥쑥  TIP **화면 전환 표시**

슬라이드에 화면 전환 효과가 적용되면 슬라이드 번호 아래에 별표 ✳ 가 표시됩니다.

화면 전환 효과 변경하기

5 [전환] 탭-[슬라이드 화면 전환] 그룹에서 [자세히 ▼]를 클릭합니다.

6 화면 전환 효과 목록이 나타나면 [화려한 효과]-[소용돌이]를 클릭합니다.

7 [전환] 탭-[슬라이드 화면 전환] 그룹에서 [효과 옵션 █]-[오른쪽에서]를 클릭합니다.

8 [전환] 탭-[타이밍] 그룹에서 [소리]-[바람]을 클릭합니다.

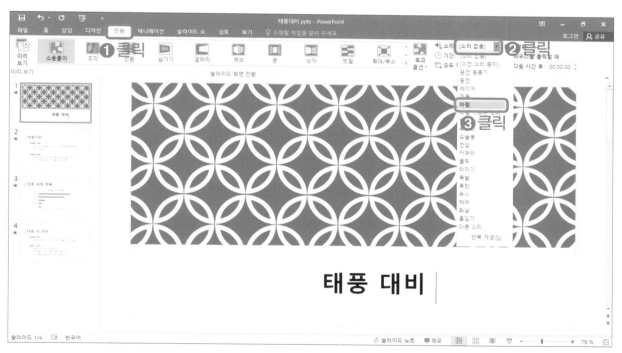

9 [전환] 탭-[타이밍] 그룹에서 '기간 : 02.00'으로 설정하고, [미리 보기] 그룹에서 [미리 보기 ▣]를 클릭합니다.

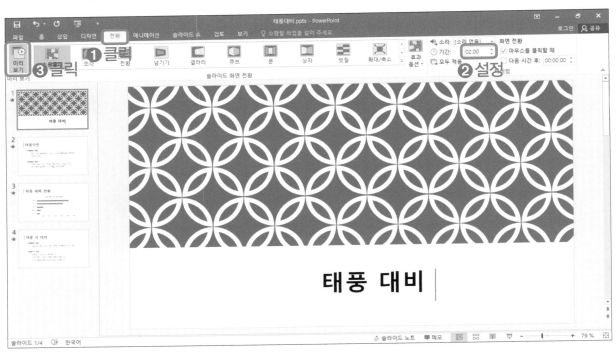

10 모든 슬라이드에 적용하기 위해 [전환] 탭-[타이밍] 그룹에서 [모두 적용 ▣]을 클릭합니다.

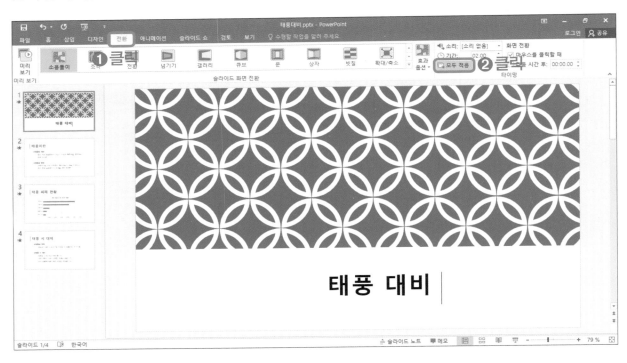

실습2 개체에 애니메이션 효과 지정하기

각각의 개체가 나타나거나 강조, 사라지는 등의 애니메이션 효과를 지정할 수 있습니다. 여기에서는 텍스트 상자와 차트에 애니메이션 효과를 지정해 봅니다.

텍스트 상자에 애니메이션 효과 지정하기

1 2번 슬라이드에서 제목 텍스트 상자를 선택하고, [애니메이션] 탭-[애니메이션] 그룹에서 [자세히 ▼]를 클릭합니다.

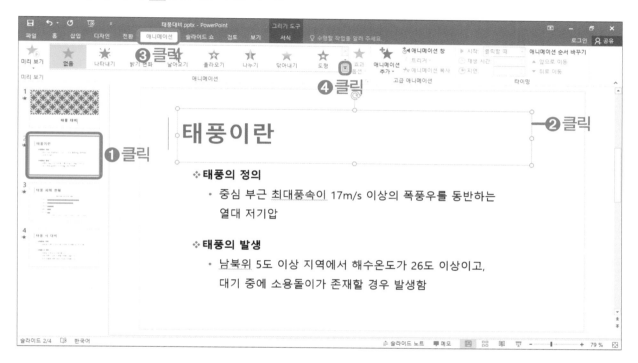

2 애니메이션 목록이 나타나면 [나타내기]-[실선 무늬]를 클릭합니다.

③ [애니메이션] 탭 – [애니메이션] 그룹에서 [효과 옵션] – [세로]를 클릭합니다.

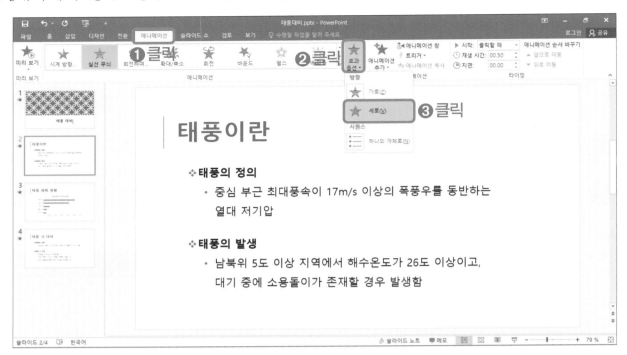

④ [애니메이션] 탭 – [미리 보기] 그룹에서 [미리 보기 ⏺]를 클릭합니다.

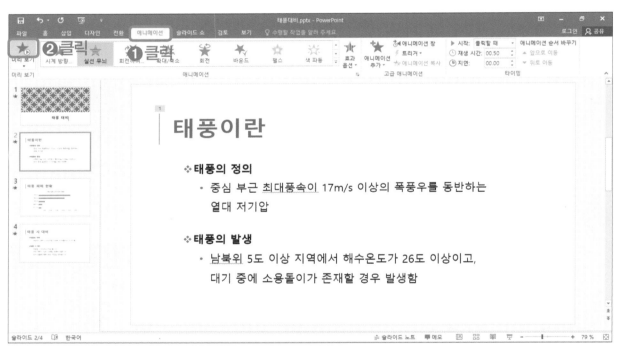

 **TIP** 애니메이션 효과 표시

개체에 애니메이션 효과가 적용되면 해당 개체의 애니메이션 순서가 표시됩니다.

애니메이션 효과 변경하기

5 첫 번째 내용 텍스트 상자를 클릭하고, Ctrl 키를 누른 상태에서 두 번째 내용 텍스트 상자를 선택한 후 [애니메이션] 탭-[애니메이션] 그룹에서 [자세히 ▼]를 클릭합니다.

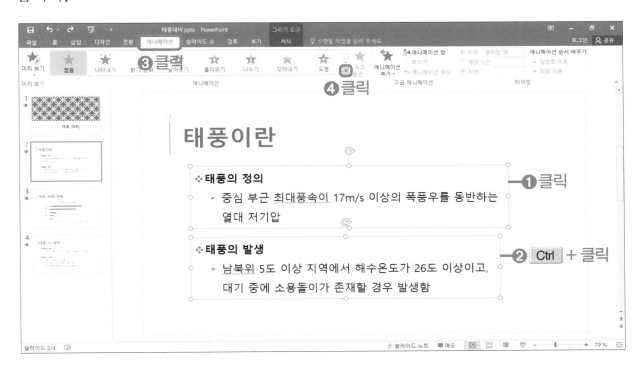

6 애니메이션 목록이 나타나면 [나타내기]-[바운드]를 클릭합니다.

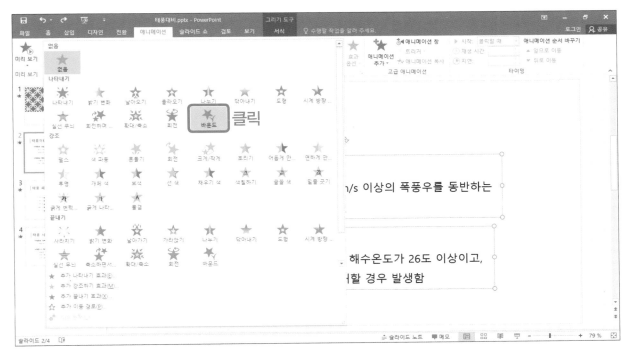

7 두 번째 내용 텍스트 상자를 선택하고, [애니메이션] 탭 – [타이밍] 그룹에서 '**시작 : 이전 효과 다음에**'를 클릭합니다.

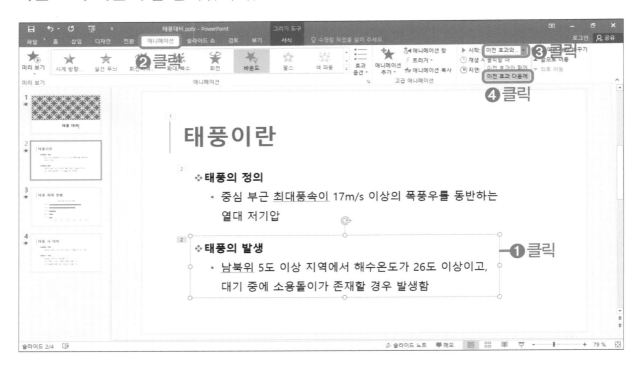

8 두 번째 내용 텍스트 상자의 애니메이션 순서가 2번에서 3번으로 변경됩니다. [애니메이션] 탭 – [미리 보기] 그룹에서 [미리 보기 ▣]를 클릭하여 애니메이션을 확인합니다.

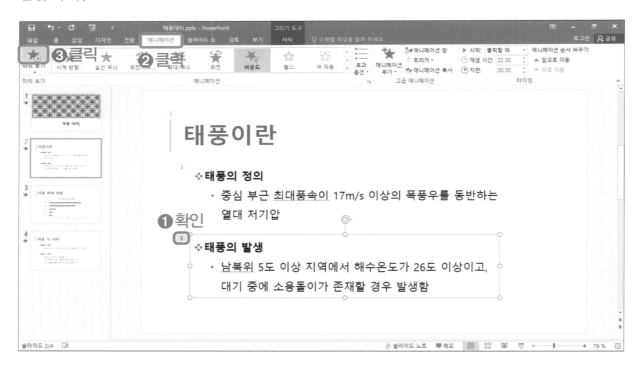

차트에 애니메이션 효과 지정하기

9 2번 슬라이드의 제목 텍스트 상자를 선택하고, [애니메이션] 탭–[고급 애니메이션] 그룹에서 [애니메이션 복사 ⚡]를 클릭합니다.

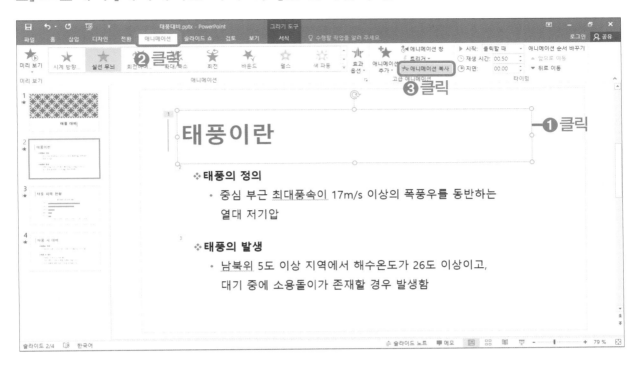

10 3번 슬라이드에서 제목 텍스트 상자를 클릭합니다.

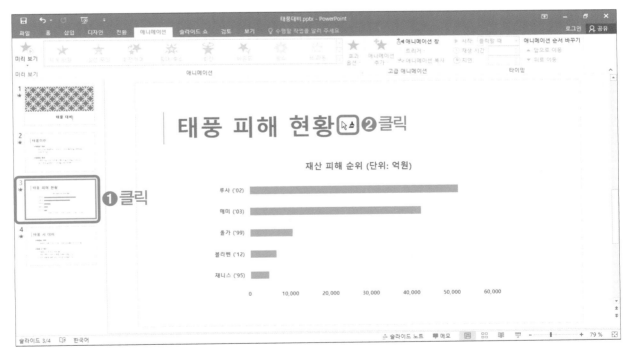

⓫ 차트를 선택하고 [애니메이션] 탭 - [애니메이션] 그룹에서 [올라오기 ⭐]를 클릭합니다.

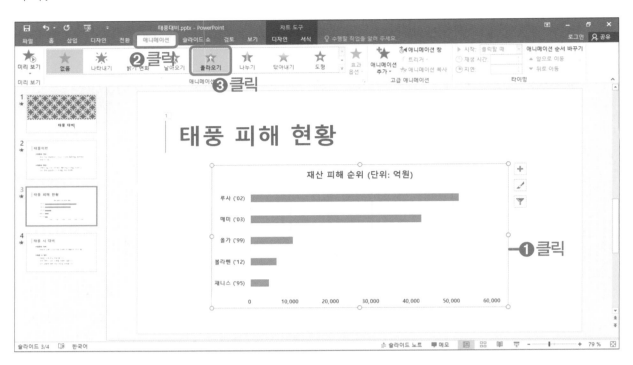

⓬ [애니메이션] 탭 - [애니메이션] 그룹에서 [효과 옵션] - [항목별로]를 클릭합니다.

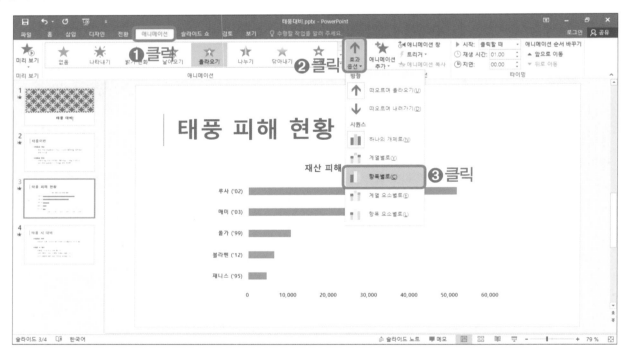

⑬ [애니메이션] 탭−[타이밍] 그룹에서 '시작 : 이전 효과 다음에'를 클릭합니다.

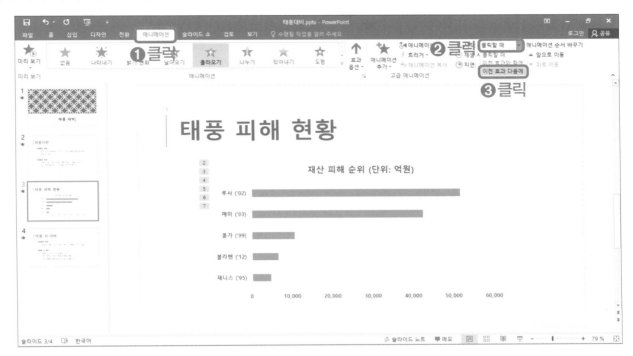

⑭ 차트 항목들의 순서가 1번으로 변경됩니다. [애니메이션] 탭−[미리 보기] 그룹에서 [미리 보기 ⏯]를 클릭하여 애니메이션을 확인합니다.

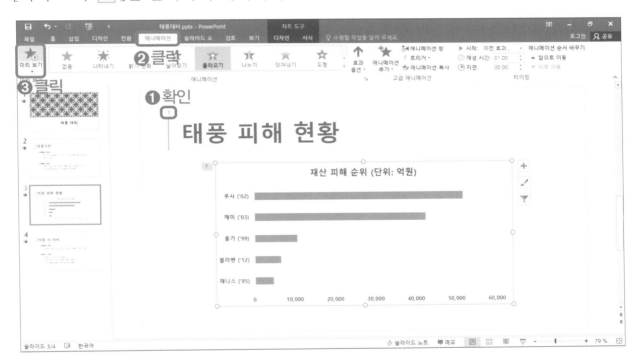

◎ 예제 파일 : 08-폭염대비.pptx

◎ 완성 파일 : 08-폭염대비-완성.pptx

1 모든 슬라이드의 화면 전환 효과로 '바둑판 무늬'로 지정해 보세요.

– 화면 전환 효과 : 바둑판 무늬

2 모든 슬라이드의 화면 전환 효과를 '파장'으로 지정하고 다음과 같이 효과를 변경해 보세요.

– 효과 옵션 : 왼쪽 위에서

– 소리 : 요술봉

3 2번 슬라이드에서 텍스트 상자의 애니메이션 효과를 다음과 같이 지정해 보세요.

   – 제목 텍스트 상자 : 나타내기 – 도형

   – 내용 텍스트 상자 : 나타내기 – 닦아내기, 시작 : 이전 효과 다음에

4 3번 슬라이드에서 제목 텍스트 상자와 차트의 애니메이션 효과를 다음과 같이 지정해 보세요.

   – 제목 텍스트 상자 : 나타내기 – 도형

   – 차트 : 나타내기 – 날아오기, 효과 옵션 – 항목별로, 시작 : 이전 효과 다음에

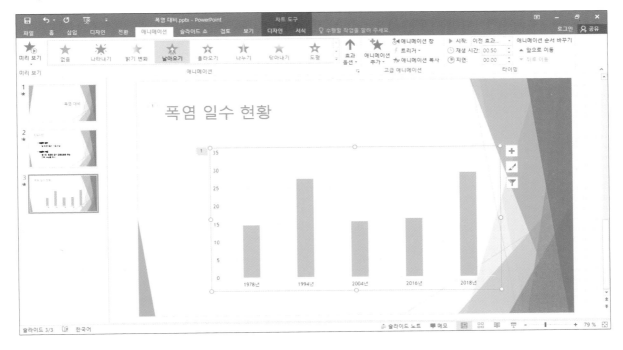

 **09** 장 슬라이드 쇼 진행하기

 파워포인트로 작성한 문서를 청중에게 발표하기 위해서는 슬라이드 쇼를 실행해야 합니다. 이번 장에서는 슬라이드 쇼를 진행할 때 도움이 되는 하이퍼링크 삽입과 예행 연습을 하는 방법에 대해 살펴보겠습니다.

완성파일 미리보기

◎ 예제 파일 : 09-폭염대응.pptx
◐ 완성 파일 : 09-폭염대응-완성.pptx

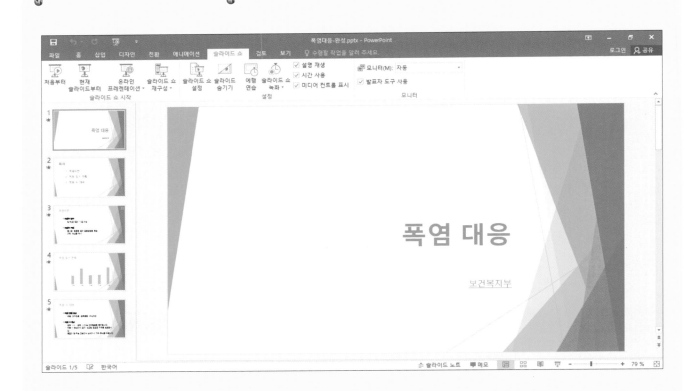

체크포인트

실습1 슬라이드에 하이퍼링크를 삽입해 봅니다.

실습2 슬라이드에 실행 단추를 삽입해 봅니다.

실습3 슬라이드 쇼에서 펜을 사용해 봅니다.

실습4 슬라이드 쇼를 예행 연습해 봅니다.

실습 1 하이퍼링크와 실행 단추 삽입하기

슬라이드에 하이퍼링크나 실행 단추를 삽입하면 개체를 클릭했을 때 원하는 웹 페이지나 특정 슬라이드로 이동할 수 있습니다.

웹페이지 연결하기

1 1번 슬라이드의 [보건복지부] 텍스트 상자를 선택한 후 [삽입] 탭—[링크] 그룹에서 [하이퍼링크 🌐]를 클릭합니다.

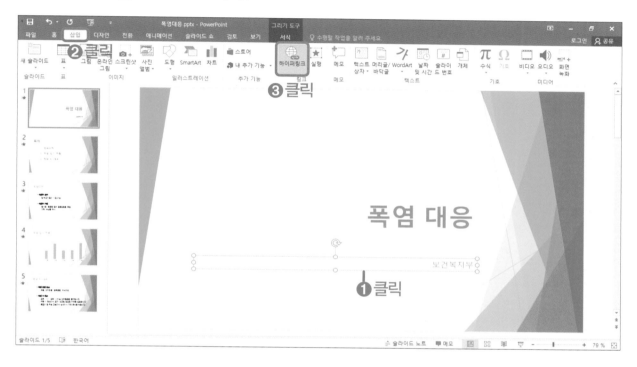

2 [하이퍼링크 삽입] 대화상자가 나타나면 [기존 파일/웹페이지]에서 [주소]에 'http://www.mohw.go.kr'을 입력한 후 [확인] 단추를 클릭합니다.

③ '보건복지부'의 하이퍼링크를 확인하기 위해 상태 표시줄에서 [읽기용 보기 📖]를 클릭합니다.

클릭

 **TIP** **하이퍼링크 확인하기**

슬라이드의 하이퍼링크는 [기본]과 [여러 슬라이드] 보기 상태에서는 확인이 되지 않고, [읽기용 보기]와 [슬라이드 쇼] 보기 상태에서만 확인이 됩니다.

④ [PowerPoint 슬라이드 쇼] 창으로 전환되면 '보건복지부'를 클릭합니다.

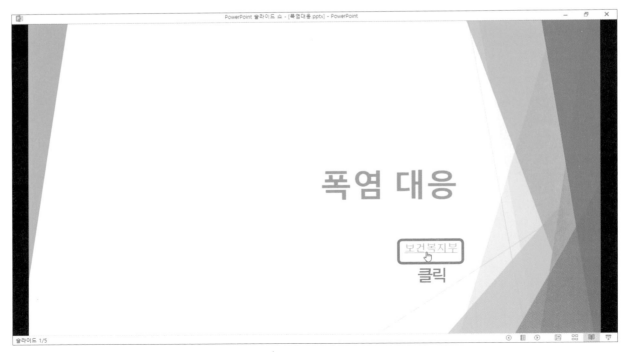

클릭

⑤ 웹 브라우저가 실행되면서 하이퍼링크로 연결된 [보건복지부] 웹 페이지가 나타납니다. [닫기]를 클릭합니다.

클릭

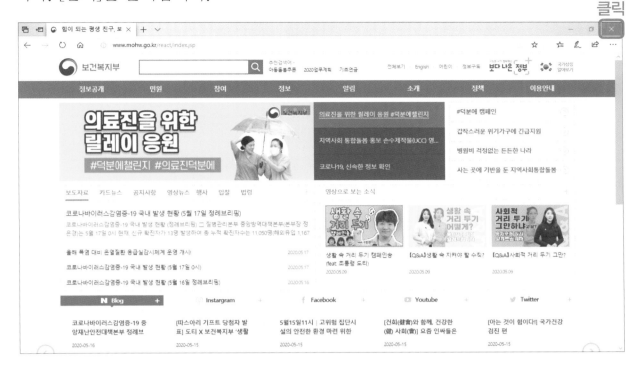

⑥ 다시 파워포인트 편집 화면으로 돌아오기 위해 상태 표시줄에서 [기본 🔲]을 클릭합니다.

클릭

❼ 2번 슬라이드에서 '1. 폭염이란' 텍스트 상자를 선택한 후 [삽입] 탭-[링크] 그룹에서 [하이퍼링크 🌐]를 클릭합니다.

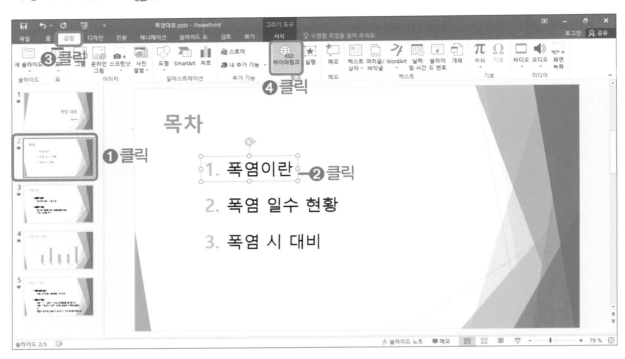

❽ [하이퍼링크 삽입] 대화상자가 나타나면 [현재 문서]에서 '슬라이드 제목 – 3. 폭염이란'을 선택한 후 [확인] 단추를 클릭합니다.

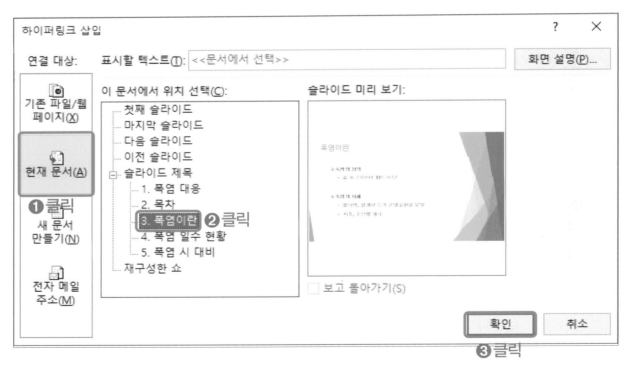

⑨ '1. 폭염이란'의 하이퍼링크를 확인하기 위해 상태 표시줄에서 [읽기용 보기 📖]를 클릭합니다.

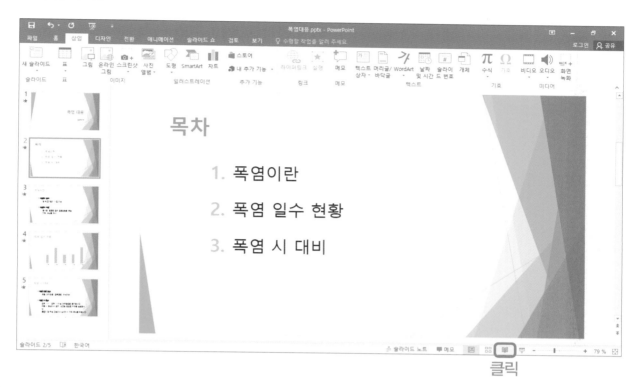

클릭

⑩ [PowerPoint 슬라이드 쇼] 창으로 전환되면 '1. 폭염이란'을 클릭합니다.

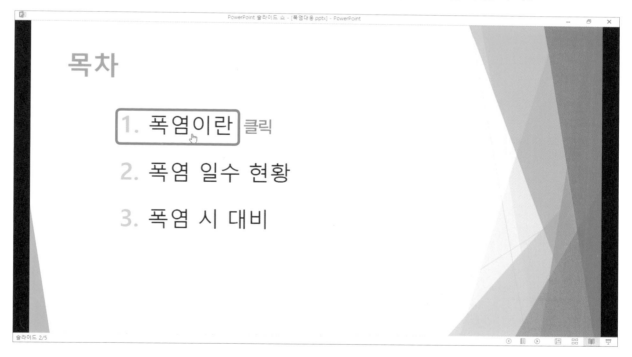

⓫ 다시 파워포인트 편집 화면으로 돌아오기 위해 상태 표시줄에서 [기본 ▣]을 클릭합니다.

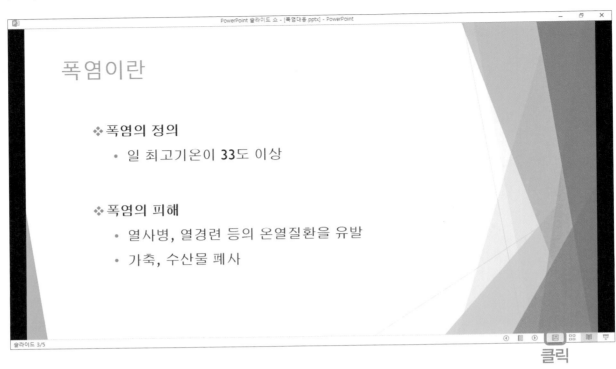

실행 단추 삽입하기

⓬ 3번 슬라이드로 이동한 후 [삽입] 탭-[일러스트레이션] 그룹에서 [도형]-[실행 단추: 홈 ▦]을 클릭합니다.

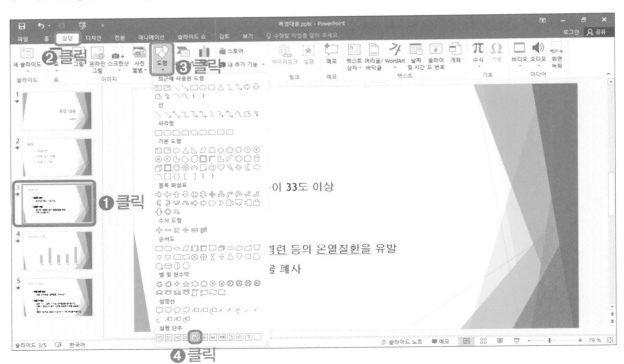

⑬ 마우스 포인터가 + 모양으로 변경되면 슬라이드에 적당한 크기로 드래그하여 삽입합니다.

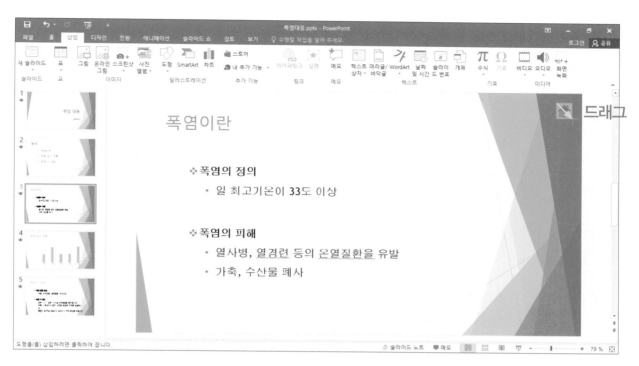

⑭ [실행 설정] 대화상자가 나타나면 [마우스를 클릭할 때] 탭에서 [마우스를 클릭할 때 실행]−'하이퍼링크−첫째 슬라이드'를 선택하고 [확인] 단추를 클릭합니다.

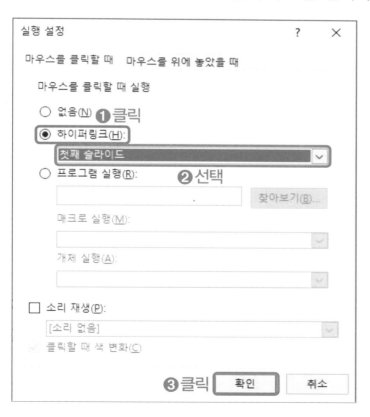

15 실행 단추의 하이퍼링크를 확인하기 위해 상태 표시줄에서 [읽기용 보기 🕮]를 클릭합니다.

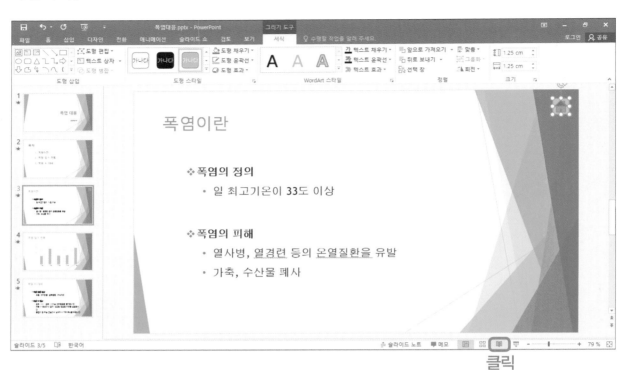

클릭

실력쑥쑥 TIP **실행 단추 링크 수정하기**

실행 단추 도형의 하이퍼링크를 수정하려면 실행 단추를 선택하고 [삽입] 탭-[링크] 그룹에서 [실행 ★]을 클릭합니다.

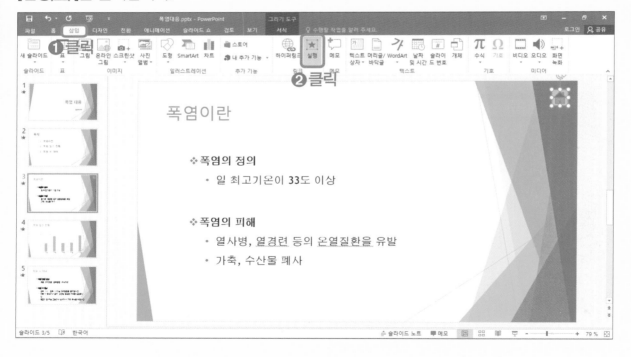

16 [PowerPoint 슬라이드 쇼] 창으로 전환되면 실행 단추를 클릭합니다.

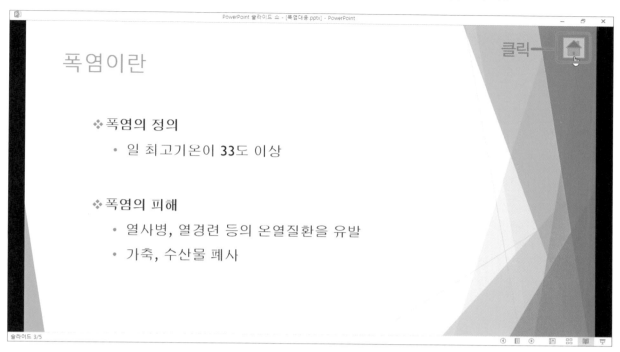

17 첫째 슬라이드로 이동됩니다. 다시 파워포인트 편집 화면으로 돌아오기 위해 상태 표시줄에서 [기본 回]을 클릭합니다.

실습2 슬라이드 쇼와 예행 연습하기

청중에게 문서를 발표하기 전에 슬라이드 쇼와 예행 연습을 통해 실제 발표할 내용을 연습하면서 사전 준비하는 것이 좋습니다.

슬라이드 쇼 진행하기

1 [슬라이드 쇼] 탭-[슬라이드 쇼 시작] 그룹에서 [처음부터 🖵]를 클릭합니다.

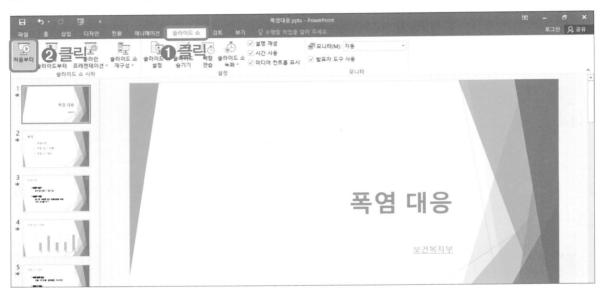

 **TIP** 슬라이드 쇼 진행하기

상태 표시줄의 보기 단추 중에서 [슬라이드 쇼 🖵]를 클릭하거나 F5 키를 누르면 바로 슬라이드 쇼를 진행할 수 있습니다.

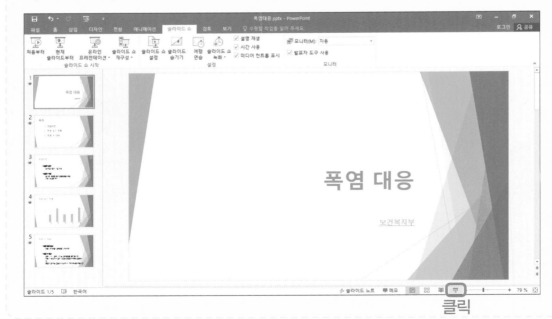

2 전체 화면으로 슬라이드 쇼가 실행됩니다. 다음 슬라이드로 이동하려면 화면을 클릭하거나 Enter 키를 누릅니다.

실력쑥쑥 TIP **발표자 도구 이용하기**

슬라이드 쇼가 실행되면 [발표자 도구] 창도 함께 실행되는데, 여기에서 슬라이드 노트를 확인하거나 슬라이드 도구를 이용할 수 있습니다.

③ 다음 슬라이드로 전환됩니다. 슬라이드 쇼를 마치려면 Esc 키를 누릅니다.

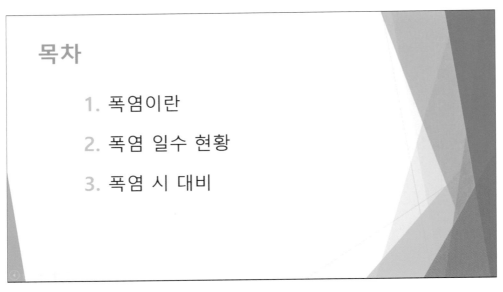

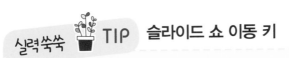 **TIP** 슬라이드 쇼 이동 키

- 다음 슬라이드로 이동 : 마우스 클릭, Enter , Space Bar , Page Down
- 이전 슬라이드로 이동 : Back Space , Page Up
- 슬라이드 쇼 종료 : Esc , Ctrl + Break

포인터 옵션 사용하기

④ 3번 슬라이드로 이동한 후 [슬라이드 쇼] 탭–[슬라이드 쇼 시작] 그룹에서 [현재 슬라이드부터 🖵]를 클릭합니다.

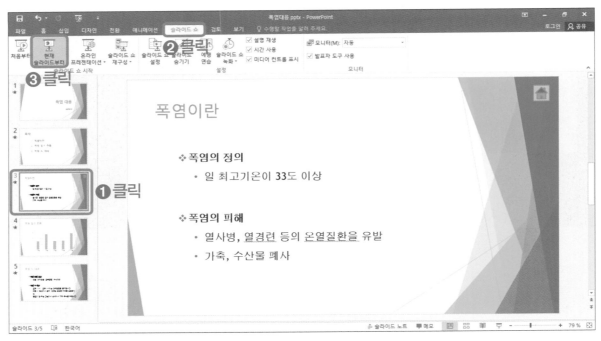

5 슬라이드 왼쪽 아래에 마우스를 위치하면 아이콘이 표시됩니다. [마우스 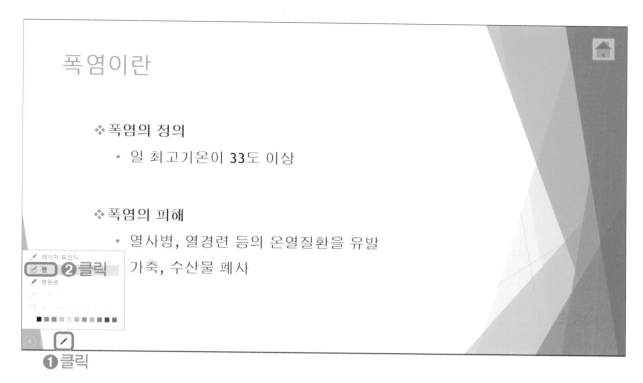]
－[펜]을 클릭합니다.

6 마우스 포인터가 변경되면 중요 부분을 마우스로 드래그하여 표시합니다.

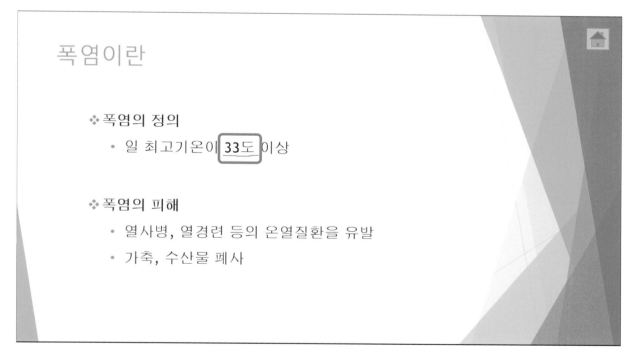

7 슬라이드 왼쪽 아래에 마우스를 위치하면 아이콘이 표시되는데, [마우스 ⊘]−[형광펜]을 클릭합니다.

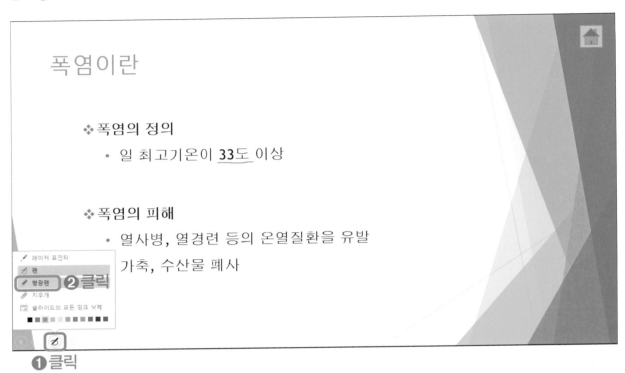

8 마우스 포인터가 변경되면 중요 부분을 마우스로 드래그하여 표시합니다. 마우스 포인터 사용을 마치려면 Esc 키를 누릅니다.

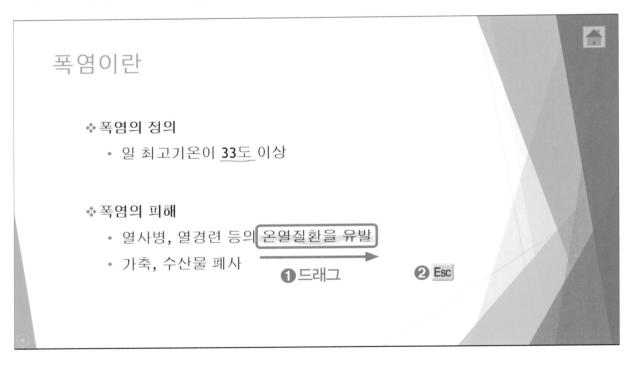

9 펜이나 형광펜 등으로 슬라이드에 잉크 주석을 표시한 상태에서 Esc 키를 눌러 슬라이드 쇼를 마치면 잉크 주석의 유지를 묻는 대화상자가 나타납니다. [아니요]를 클릭하면 표시된 잉크 주석은 표시되지 않습니다.

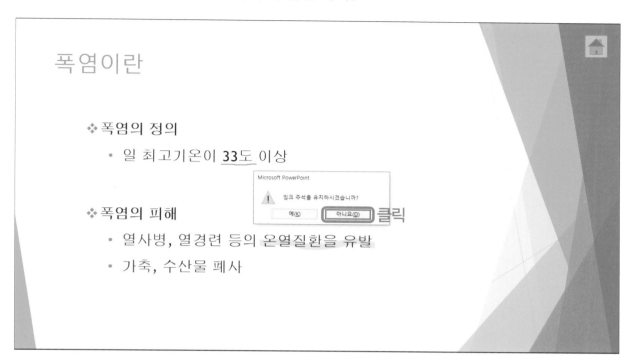

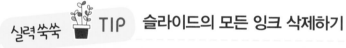 **TIP 슬라이드의 모든 잉크 삭제하기**

슬라이드 왼쪽 아래에 마우스를 위치하면 아이콘이 표시되는데, [마우스 ✏]-[지우개]를 클릭하면 특정 잉크만 선택적으로 지울 수 있으며, [슬라이드의 모든 잉크 삭제]를 클릭하면 표시된 잉크가 모두 삭제됩니다.

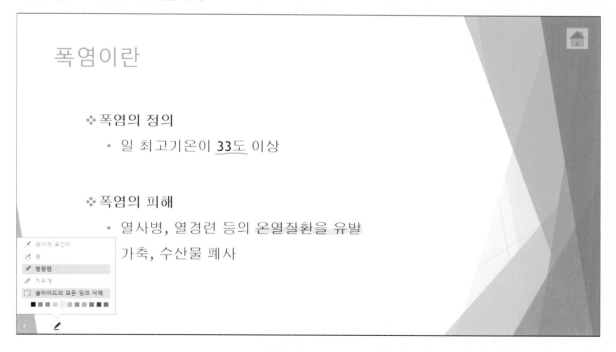

슬라이드 예행 연습하기

⑩ [슬라이드 쇼] 탭-[설정] 그룹에서 [예행 연습 🕐]을 클릭합니다.

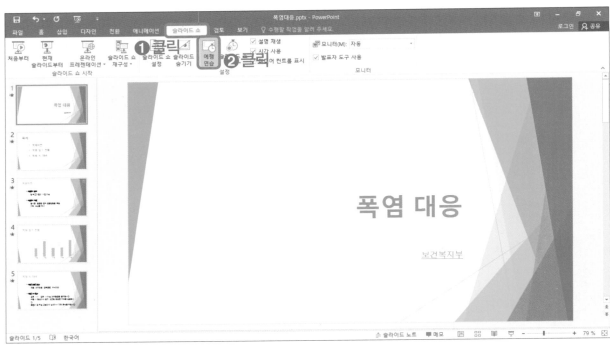

⑪ 슬라이드 쇼가 실행되면서 화면 왼쪽 위에 현재 슬라이드의 녹화 시간이 표시됩니다. 슬라이드를 클릭하면서 슬라이드 쇼를 진행합니다.

⓬ 모든 슬라이드 쇼가 종료되면 슬라이드 쇼에 걸린 시간과 슬라이드 쇼 실행 시간의 사용 유무를 묻는 대화상자가 나타납니다. [예]를 클릭합니다.

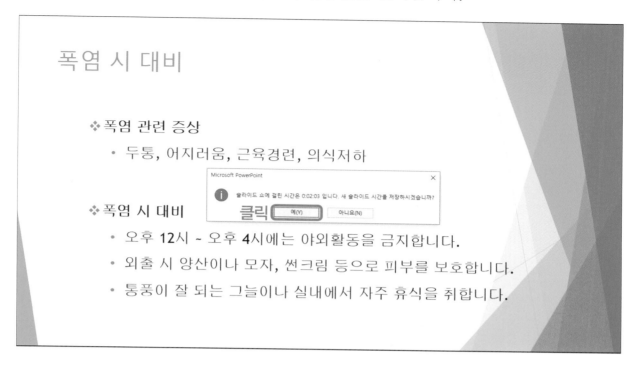

⓭ 각 슬라이드의 녹화 시간을 확인하기 위해 상태 표시줄에서 [여러 슬라이드 品]를 클릭합니다.

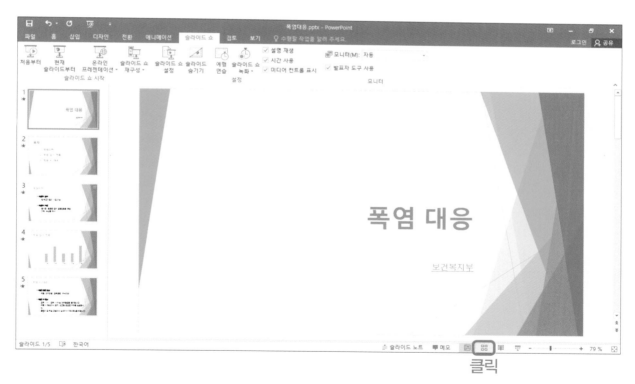

⑭ 여러 슬라이드 보기 화면에 슬라이드의 녹화 시간이 표시됩니다. 슬라이드의 녹화 시간을 지우려면 [슬라이드 쇼] 탭-[설정] 그룹에서 [슬라이드 쇼 녹화]-[지우기]-[모든 슬라이드의 타이밍 지우기]를 클릭합니다.

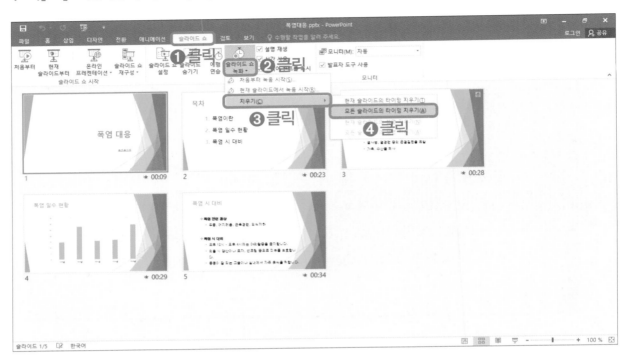

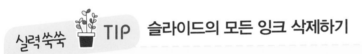

실력쑥쑥 TIP 슬라이드의 모든 잉크 삭제하기

[슬라이드 쇼] 탭-[설정] 그룹에서 슬라이드 쇼를 설정할 수 있습니다.

❶ 슬라이드 쇼 설정 : 슬라이드 쇼에 대한 고급 옵션을 설정합니다.

❷ 슬라이드 숨기기 : 슬라이드 쇼를 실행할 때 숨길 슬라이드를 설정합니다.

❸ 예행 연습 : 전체 화면의 슬라이드 쇼가 시작되면서 각 슬라이드의 녹화 시간이 기록됩니다.

❹ 슬라이드 쇼 녹화 : 슬라이드 쇼의 설명과 마우스 포인터 동작, 시간을 녹화합니다.

❺ 설명 재생 : 슬라이드 쇼 동안 설명 및 마우스 포인터 동작을 재생합니다.

❻ 시간 사용 : 슬라이드 쇼 동안 슬라이드 및 애니메이션 시간을 재생합니다.

❼ 미디어 컨트롤 표시 : 슬라이드 쇼 동안 오디오나 비디오 등의 미디어 컨트롤이 표시됩니다.

◎ 예제 파일 : 09-태풍대응.pptx
◎ 완성 파일 : 09-태풍대응-완성.pptx

1 1번 슬라이드에서 부제목 텍스트 상자에 다음과 같이 하이퍼링크를 삽입해 보세요.

– 기상청 : http://www.weather.go.kr

2 2번 슬라이드에서 '1. 태풍이란' 텍스트 상자에 다음과 같이 하이퍼링크를 삽입해 보세요.

– 현재 문서 : 슬라이드 제목 – 3. 태풍이란

> # 목차
>
> 1. 태풍이란
>
> 2. 태풍 피해 현황
>
> 3. 태풍 시 대비

3 3번 슬라이드에서 실행 단추를 다음과 같이 지정해 보세요.

– 실행 단추 삽입 : [삽입] 탭–[일러스트레이션] 그룹에서 [도형]–[실행 단추: 홈]
– 실행 설정 : [마우스를 클릭할 때 실행]–[하이퍼링크]–[첫째 슬라이드]

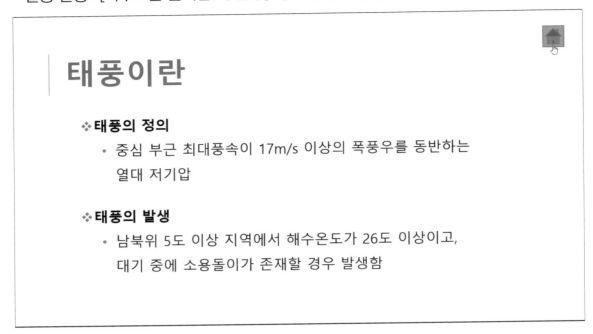

4 슬라이드 쇼의 예행 연습을 해보세요.

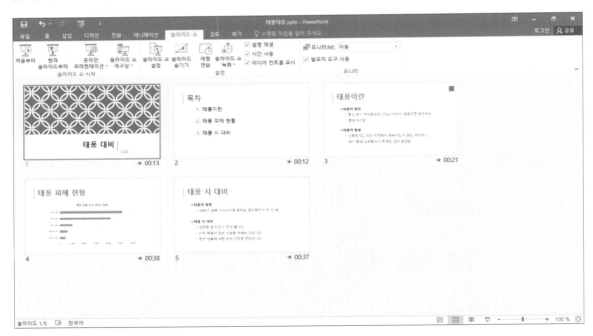

Hint!   예행 연습 : [슬라이드 쇼] 탭–[설정] 그룹에서 [예행 연습]

10장 슬라이드 마스터와 인쇄하기

슬라이드 마스터를 이용하면 여러 슬라이드에 공통적으로 적용할 디자인을 설정할 수 있습니다. 이번 장에서는 슬라이드 마스터를 설정하는 방법과 슬라이드, 유인물, 슬라이드 노트를 인쇄하는 방법에 대해 살펴보겠습니다.

완성파일 미리보기

◎ 예제 파일 : 10-태풍대비.pptx
◎ 완성 파일 : 10-태풍대비-완성.pptx

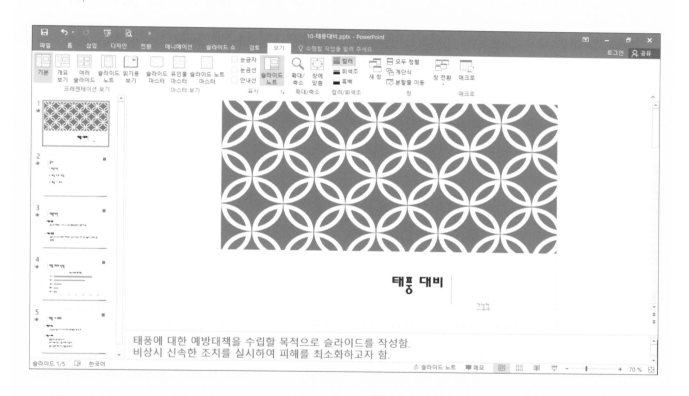

체크포인트

실습1 슬라이드 마스터에 도형과 실행 단추를 삽입해 봅니다.
실습2 전체 슬라이드를 인쇄해 봅니다.
실습3 유인물을 인쇄해 봅니다.
실습4 슬라이드 노트를 입력해 봅니다.

실습1 슬라이드 마스터 설정하기

모든 슬라이드에 공통적으로 적용할 디자인이 있으면, 슬라이드 마스터에서 디자인을 설정하면 됩니다.

슬라이드 마스터에 도형 삽입하기

1 [보기] 탭-[마스터 보기] 그룹에서 [슬라이드 마스터 ▥]를 클릭합니다.

2 [전체 슬라이드 마스터]를 선택하고, [삽입] 탭-[이미지] 그룹에서 [도형 ◇]-[직사각형 ▢]을 클릭합니다.

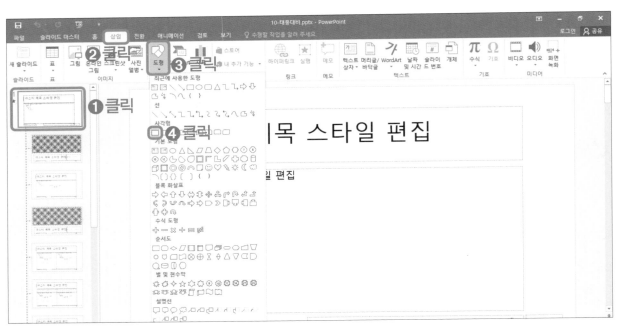

③ 마우스 포인터가 '+' 모양으로 바뀌면 슬라이드 아래에 드래그하여 직사각형을 삽입합니다.

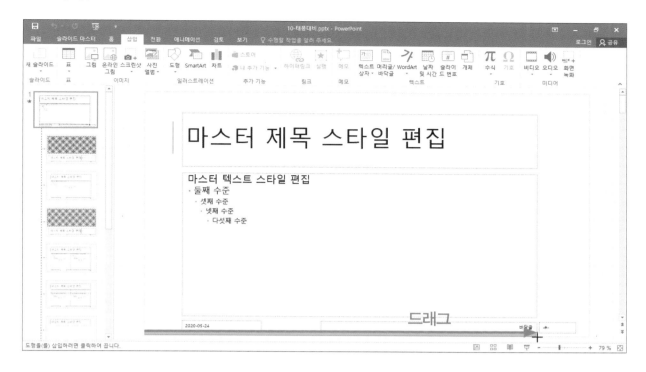

④ 도형을 선택하고, [그리기 도구]–[서식] 탭–[일러스트레이션] 그룹에서 [도형 윤곽선 ⬚]–[윤곽선 없음]을 클릭합니다.

5 도형을 마우스 오른쪽 단추로 클릭하고 [복사]를 클릭합니다.

6 슬라이드 빈 곳을 마우스 오른쪽 단추로 클릭하고, [붙여넣기 옵션]-[대상 테마 사용 🛈]을 클릭합니다.

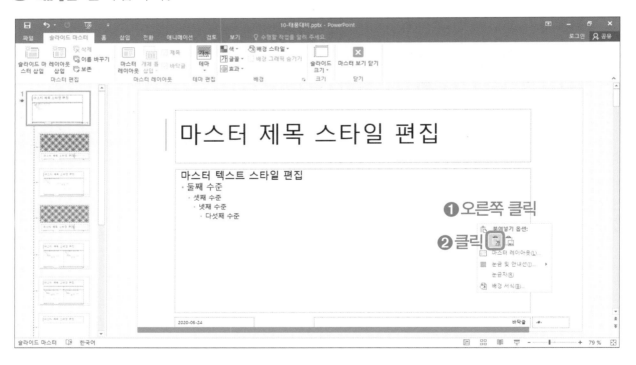

7 도형이 복사되면 오른쪽 끝으로 이동하고 크기를 조절합니다.

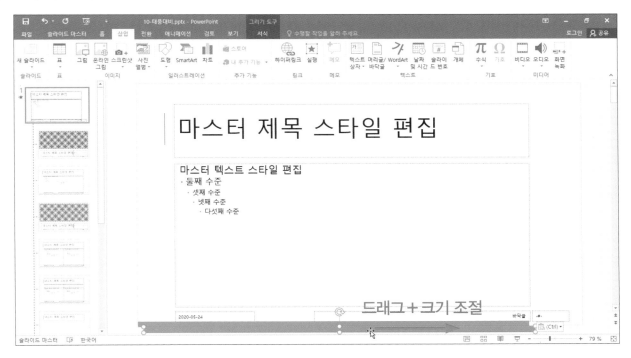

8 도형을 선택한 후 [그리기 도구]–[서식] 탭–[일러스트레이션] 그룹에서 [도형 채우기 ◇]–[파랑]을 클릭합니다.

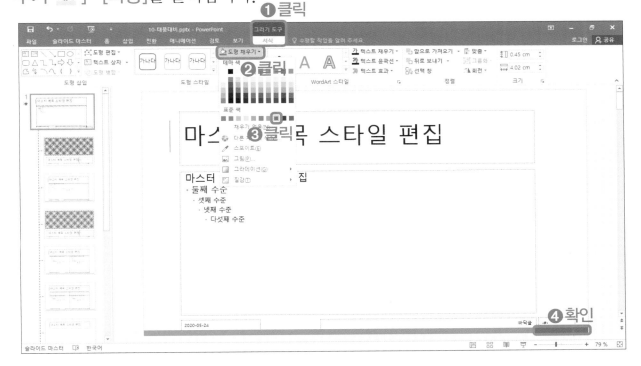

⑨ [슬라이드 마스터]-[닫기] 그룹에서 [마스터 보기 닫기 ⊠]를 클릭합니다.

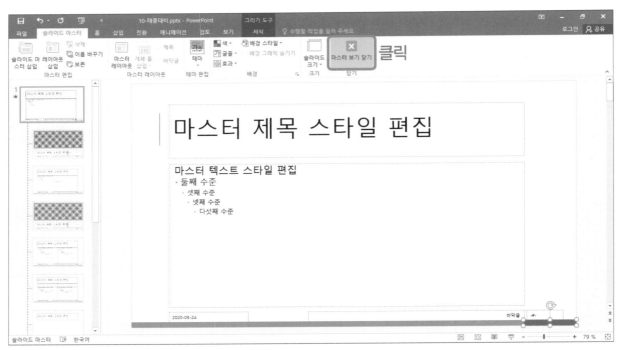

⑩ 2번 슬라이드부터 5번 슬라이드를 보면 슬라이드 마스터에서 삽입한 도형이 동일하게 삽입된 것을 확인할 수 있습니다.

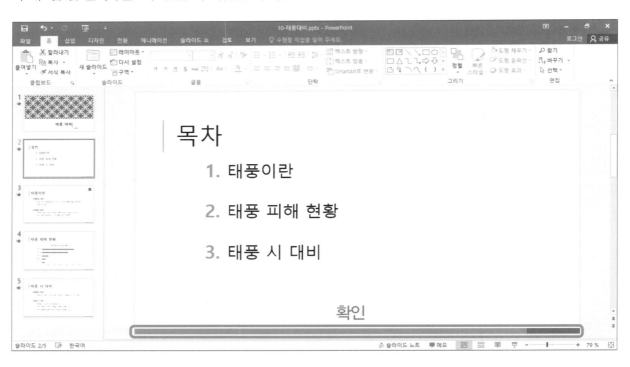

슬라이드 마스터에 실행 단추 삽입하기

⑪ 3번 슬라이드에서 실행 단추를 마우스 오른쪽 단추를 클릭한 후 [잘라내기]를 클릭합니다.

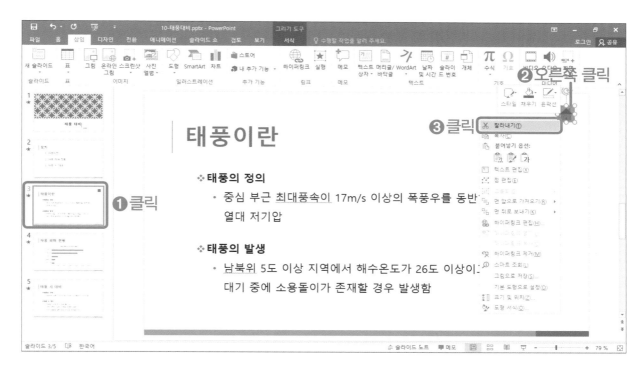

⑫ [보기] 탭-[마스터 보기] 그룹에서 [슬라이드 마스터 ▦]를 클릭합니다.

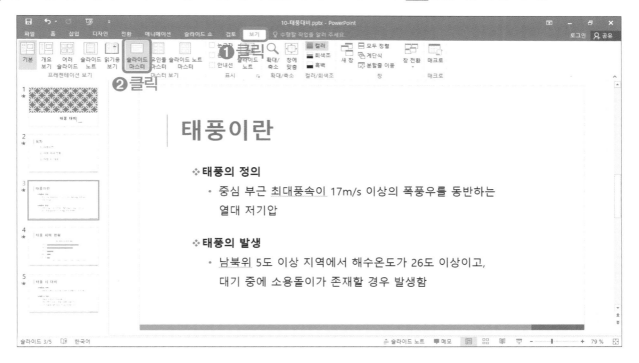

⓭ [전체 슬라이드 마스터]의 슬라이드 빈 곳을 마우스 오른쪽 단추로 클릭하고, [붙여넣기 옵션]−[대상 테마 사용 📋]을 클릭합니다.

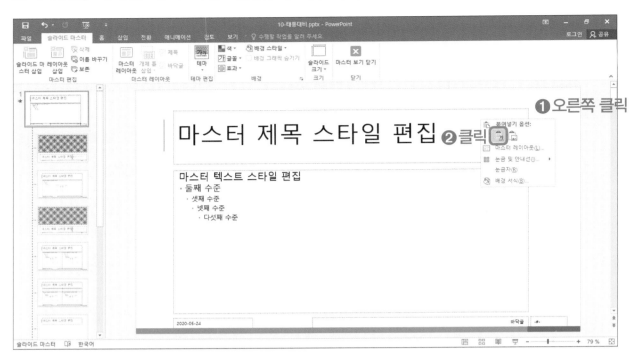

슬라이드 마스터에 번호 삽입하기

⓮ [삽입] 탭−[텍스트] 그룹에서 [머리글/바닥글 📄]을 클릭합니다.

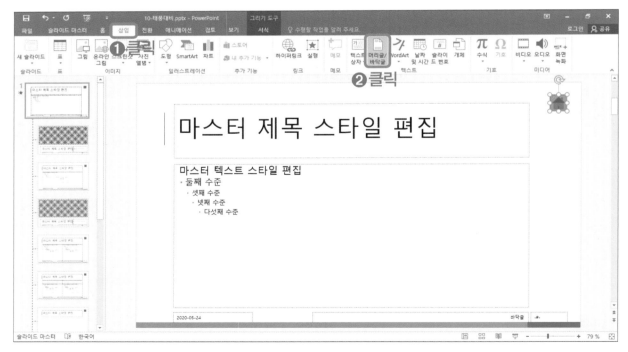

⓯ [머리글/바닥글] 대화상자의 [슬라이드] 탭에서 [슬라이드 번호]와 [제목 슬라이드에는 표시 안 함]에 체크 표시를 하고 [모두 적용] 단추를 클릭합니다.

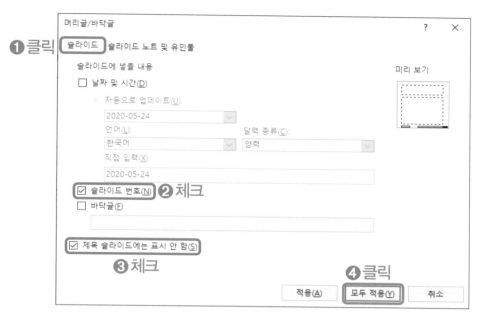

실력쑥쑥 🌱 TIP **제목 슬라이드에는 표시 안 함**

[제목 슬라이드에는 표시 안 함]에 체크 표시를 하면 첫 번째 슬라이드를 제외하고 나머지 슬라이드에만 슬라이드 번호가 표시됩니다.

⓰ '〈#〉' 텍스트 상자를 선택하고 [홈] 탭－[글꼴] 그룹에서 '글꼴 크기 : 20pt', '글꼴 색 : 흰색, 배경 1, 50% 더 어둡게'를 선택한 후 [단락] 그룹에서 [오른쪽 맞춤 ≡]을 클릭합니다.

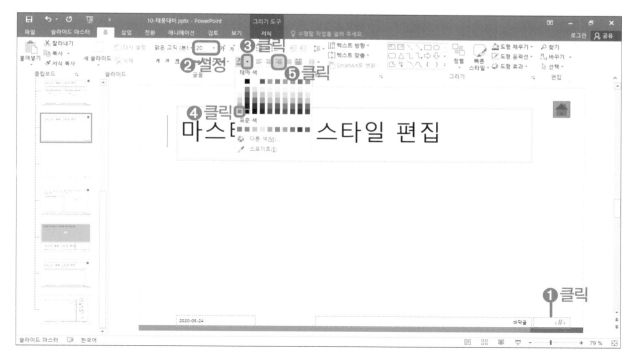

⑰ [슬라이드 마스터]-[닫기] 그룹에서 [마스터 보기 닫기 ☒]를 클릭합니다.

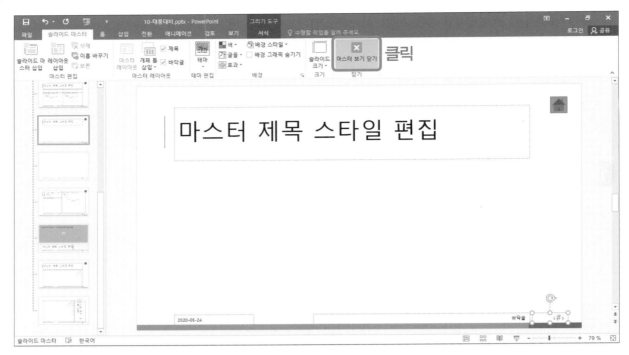

⑱ 2번 슬라이드부터 5번 슬라이드를 보면 슬라이드 마스터에서 삽입한 실행 단추와 번호가 동일하게 삽입된 것을 확인할 수 있습니다.

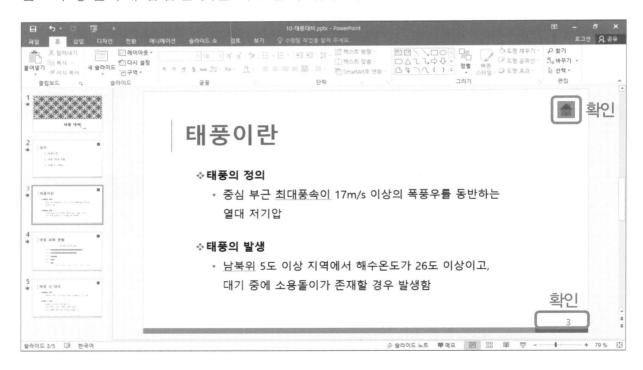

실습2 슬라이드와 유인물 인쇄하기

작성한 슬라이드는 A4 용지 한 장에 전체 슬라이드를 인쇄할 수도 있고, 한 장에 여러 개의 슬라이드를 인쇄할 수도 있습니다.

슬라이드 크기 설정하기

1 [디자인] 탭-[사용자 지정] 그룹에서 [슬라이드 크기 ▢]-[사용자 지정 슬라이드 크기]를 클릭합니다.

2 [슬라이드 크기] 대화상자에서 '슬라이드 크기 : A4 용지(210x297mm)'를 선택하고 [확인] 단추를 클릭합니다.

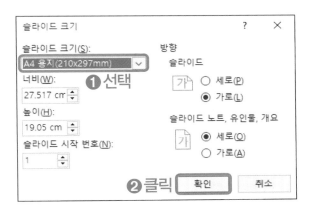

3 슬라이드 크기를 조정하는 대화상자가 나타나면 [맞춤 확인]을 클릭합니다.

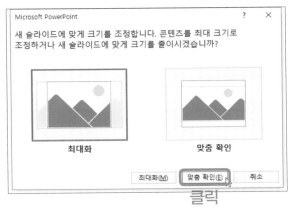

④ 슬라이드 크기가 조정되면 [파일] 탭을 클릭합니다.

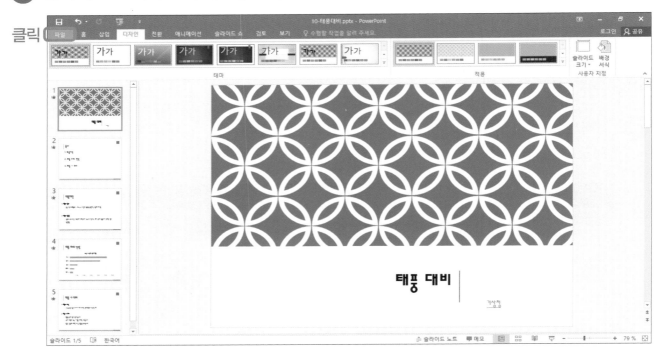

⑤ [인쇄]를 클릭하면 슬라이드의 미리 보기를 확인할 수 있습니다. [인쇄 🖨]를 클릭하면 전체 슬라이드가 인쇄됩니다.

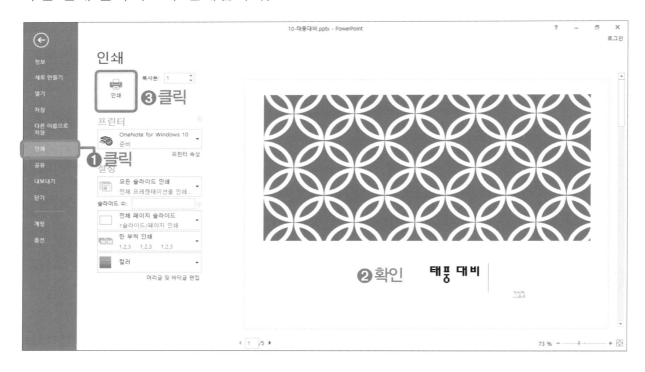

실력쑥쑥 🌱 TIP   **인쇄할 슬라이드 범위 설정**

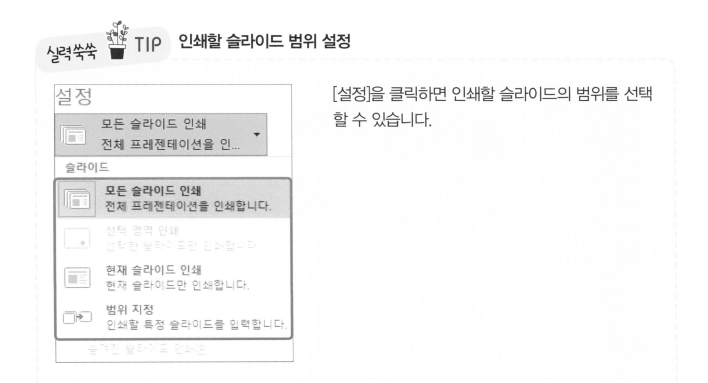

[설정]을 클릭하면 인쇄할 슬라이드의 범위를 선택할 수 있습니다.

슬라이드 유인물 인쇄하기

6 한 페이지에 여러 슬라이드를 인쇄하려면 [설정] – [전체 페이지 슬라이드]를 클릭한 후 [유인물] – [2슬라이드]를 클릭합니다.

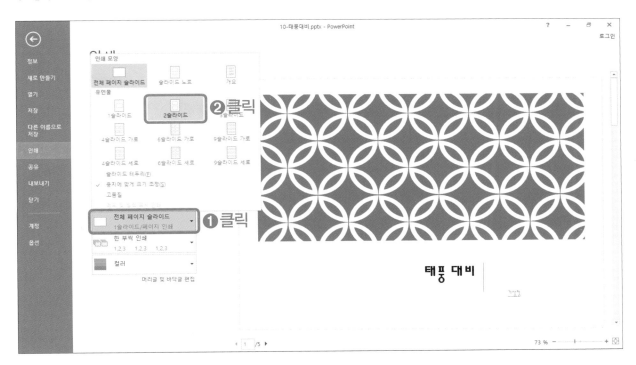

⑦ 한 페이지에 2개의 슬라이드가 인쇄되는 유인물을 미리 확인할 수 있습니다. [인쇄 🖶]를 클릭하면 유인물이 인쇄됩니다.

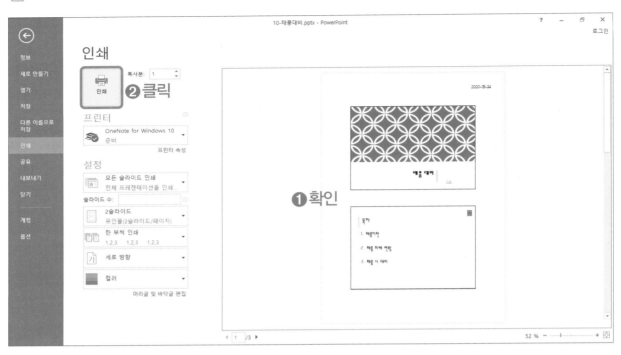

 **TIP** **빠른 실행에 인쇄 아이콘 추가하기**

[빠른 실행 도구 모음 사용자 지정 ▾]을 클릭한 후 [인쇄 미리 보기 및 인쇄]를 클릭하여 체크 표시를 하면 [인쇄 미리 보기 및 인쇄 🔍] 아이콘이 추가되는데, 이 아이콘을 클릭하면 바로 인쇄 미리 보기 화면으로 이동됩니다.

실습 3 슬라이드 노트 이용하기

슬라이드 노트를 이용하면 슬라이드의 부연 설명을 입력할 수 있으며, 프레젠테이션에서 보조 모니터를 통해 내용을 보면서 발표를 할 수 있습니다.

슬라이드 노트 입력하기

1 [보기] 탭 – [표시] 그룹에서 [슬라이드 노트 ⊞]를 클릭합니다.

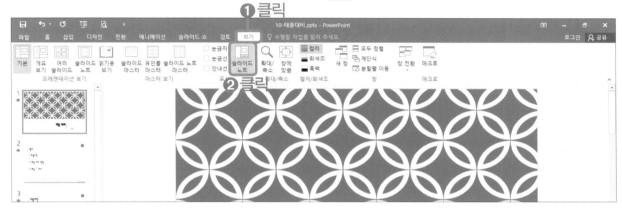

실력쑥쑥 TIP **상태 표시줄의 슬라이드 노트 이용하기**

상태 표시줄에서 [슬라이드 노트 ≙ 슬라이드 노트]를 클릭해도 됩니다.

2 슬라이드 아래에 슬라이드 노트 창이 나타납니다. 경계선을 위쪽으로 드래그하여 슬라이드 노트 영역을 조절합니다.

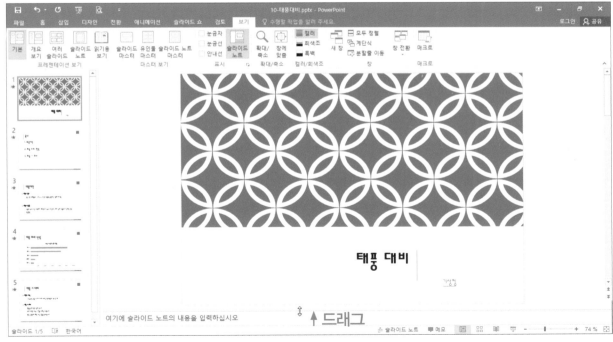

③ 슬라이드 노트 창에 슬라이드의 부연 설명을 입력하고 [보기] 탭 – [프레젠테이션 보기] 그룹에서 [슬라이드 노트 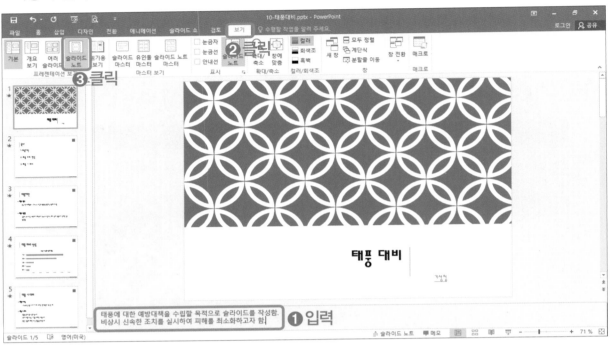]를 클릭합니다.

– 태풍에 대한 예방대책을 수립할 목적으로 슬라이드를 작성함.

– 비상시 신속한 조치를 실시하여 피해를 최소화하고자 함.

슬라이드 노트 인쇄하기

④ 슬라이드 노트를 확인하고 인쇄하기 위해 [파일] 탭을 클릭합니다.

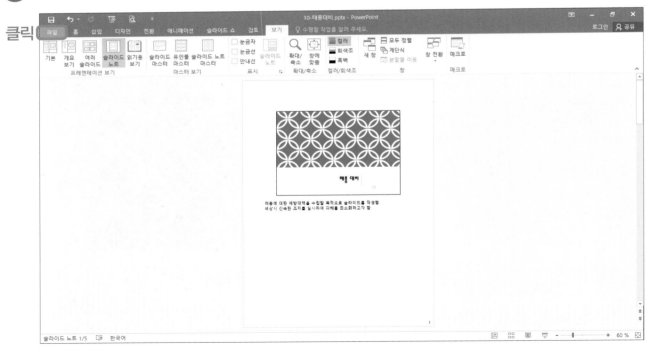

5 [설정]－[전체 페이지 슬라이드]를 클릭한 후 '인쇄 모양 : 슬라이드 노트'를 클릭합니다.

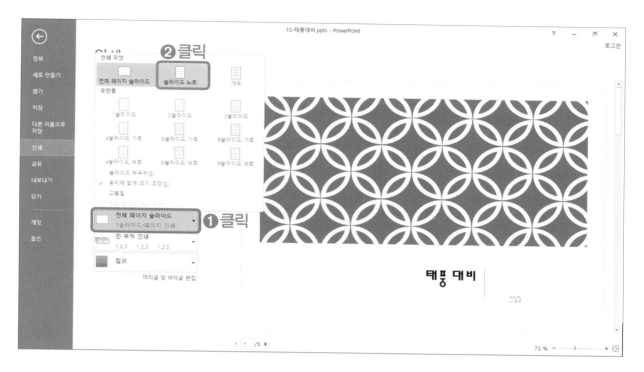

6 슬라이드 노트의 인쇄 미리 보기를 확인하고 [인쇄 🖨]를 클릭합니다.

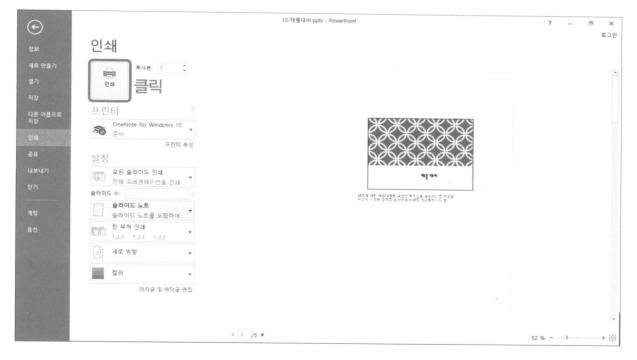

발표자 도구에서 슬라이드 노트 보기

7 [슬라이드 쇼] 탭–[모니터] 그룹에서 '발표자 도구 사용'에 체크 표시를 하고, [슬라이드 쇼 시작] 그룹에서 [처음부터 ▶]를 클릭합니다.

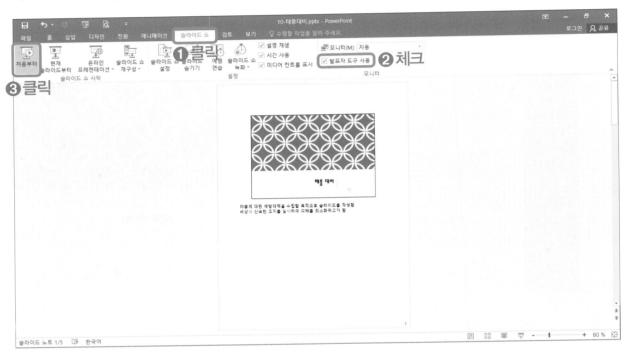

8 발표자 도구 창의 오른쪽 아래에 슬라이드 노트 내용이 표시됩니다. 슬라이드 쇼를 마치려면 [슬라이드 쇼 마침]을 클릭합니다.

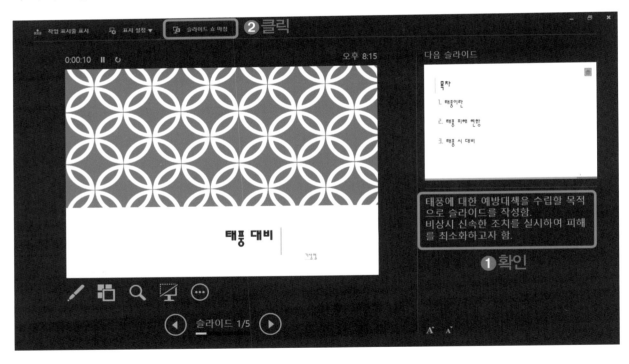

◎ 예제 파일 : 10-폭염대응.pptx
◎ 완성 파일 : 10-폭염대응-완성.pptx

1 슬라이드 마스터에 다음과 같이 실행 단추를 삽입해 보세요.

- 3번 슬라이드에 삽입한 실행 단추를 잘라내기
- 슬라이드 마스터에 실행 단추 붙여넣기

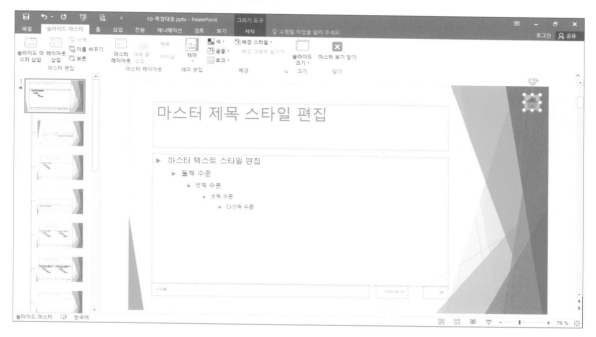

2 슬라이드 마스터에 번호를 삽입해 보세요.

- 머리글/바닥글 : [슬라이드 번호]와 [제목 슬라이드에는 표시 안 함]에 체크 표시
- 번호 텍스트 : 글꼴 크기 - 20pt

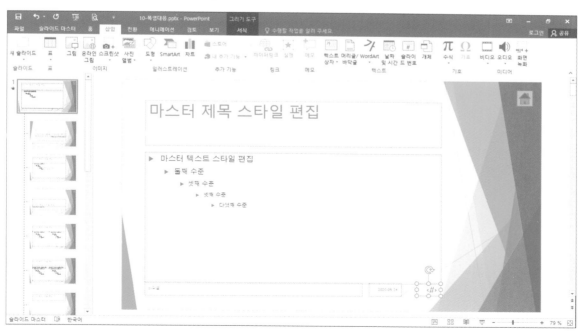

3 한 페이지에 2개의 슬라이드가 인쇄되는 유인물을 인쇄해 보세요.

– 인쇄 설정 : [유인물]-[2슬라이드]

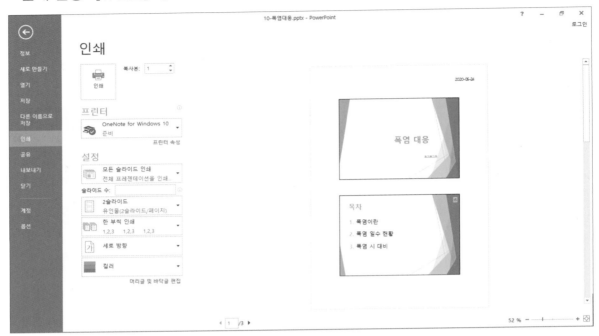

4 슬라이드 노트 창에 다음과 같이 입력해 보세요.

– 슬라이드 노트 내용 : 폭염은 갑작스럽게 찾아오는 심한 더위를 말합니다.

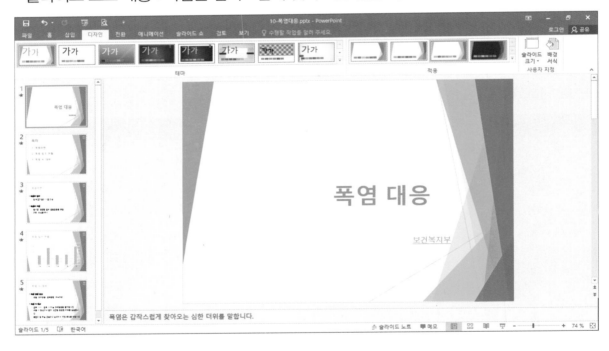

교재로 채택하여 강의 중인 컴퓨터학원입니다.

[서울특별시]

한양IT전문학원(서대문구 홍제동 330-54)
유림컴퓨터학원(성동구 성수1가 1동 656-251)
아이콘컴퓨터학원(은평구 갈현동 390-8)
송파컴퓨터회계학원(송파구 송파동 195-6)
강북정보처리학원(은평구 대조동 6-9호)
아이탑컴퓨터학원(구로구 개봉3동 65-5)
신영진컴퓨터학원(구로구 신도림동 437-1)
방학컴퓨터학원(도봉구 방학3동 670)
아람컴퓨터학원(동작구 사당동 우성2차 09상가)
국제컴퓨터학원(서초구 서초대로73길54 디오빌 209호)
백상컴퓨터학원(구로구 구로1동 314-1 극동상가 4층)
엔젤컴퓨터학원(도봉구 창2동 581-28)
독립문컴퓨터학원(종로구 무악동 47-4)
문성컴퓨터학원(동작구 대방동 335-16 대방빌딩 2층)
대건정보처리학원(강동구 명일동 347-3)
제6세대컴퓨터학원(송파구 석촌동 252-5)
명문컴퓨터학원(도봉구 쌍문2동 56)
영우컴퓨터학원(도봉구 방학1동 680-8)
바로컴퓨터학원(강북구 수유2동 245-4)
뚝섬컴퓨터학원(성동구 성수1가2동)
오성컴퓨터학원(광진구 자양3동 553-41)
해인컴퓨터학원(광진구 구의동 30-15)
푸른솔컴퓨터학원(광진구 자양2동 645-5)
희망컴퓨터학원(광진구 구의동)
경일웹컴퓨터학원(중랑구 신내동 665)
현대정보컴퓨터학원(양천구 신정5동 940-38)
보노컴퓨터학원(관악구 서림동 96-48)
스마트컴퓨터학원(도봉구 창동 9-1)
모드산업디자인학원(노원구 상계동 724)
미주컴퓨터학원(구로구 구로5동 528-7)
미래컴퓨터학원(구로구 개봉2동 403-217)
중앙컴퓨터학원(구로구 구로동 437-1 성보빌딩 3층)
고려아트컴퓨터학원(송파구 거여동 554-3)
노노스창업교육학원(서초구 양재동 16-6)
우신컴퓨터학원(성동구 홍익동 210)
무궁화컴퓨터학원(성동구 행당동 245번지 3층)
영일컴퓨터학원(금천구 시흥1동 838-33호)
셀파컴퓨터회계학원(송파구 송파동 97-43 3층)
지현컴퓨터학원(구로구 구로3동 188-5)

[인천광역시]

이컴IT.회계전문학원(남구 도화2동 87-1)
대성정보처리학원(계양구 효성1동 295-1 3층)
상아컴퓨터학원(경명대로 1124 명인프라자1, 501호)
명진컴퓨터학원(계양구 계산동 946-10 덕수빌딩 6층)
한나래컴퓨터디자인학원(계양구 임학동 6-1 4층)
효성한맥컴퓨터학원(계양구 효성1동 77-5 신한뉴프라자 4층)
시대컴퓨터학원(남동구 구월동 1225-36 롯데프라자 301-1)
피엘컴퓨터학원(남동구 구월동 1249)

하이미디어아카데미(부평구 부평동 199-24 2층)
부평IT멀티캠퍼스학원(부평구 부평5동 199-24 4, 5층)
돌고래컴퓨터아트학원(부평구 산곡동 281-53 풍성프라자 402, 502호)
미래컴퓨터학원(부평구 산곡1동 180-390)
가인정보처리학원(부평구 삼산동 391-3)
서부연세컴퓨터학원(서구 가좌1동 140-42 2층)
이컴학원(서구 석남1동 513-3 4층)
연희컴퓨터학원(서구 심곡동 303-1 새터빌딩 4층)
검단컴퓨터회계학원(서구 당하동 5블럭 5롯트 대한빌딩 4층)
진성컴퓨터학원(연수구 선학동 407 대영빌딩 6층)
길정보처리회계학원(중구 인현동 27-7 창대빌딩 4층)
대화컴퓨터학원(남동구 만수5동 925-11)
new중앙컴퓨터학원(계양구 임학동 6-23번지 3층)

[대전광역시]

학사컴퓨터학원(동구 판암동 203번지 리라빌딩 401호)
대승컴퓨터학원(대덕구 법동 287-2)
열린컴퓨터학원(대덕구 오정동 65-10 2층)
국민컴퓨터학원(동구 가양1동 579-11 2층)
용운컴퓨터학원(동구 용운동 304-1번지 3층)
굿아이컴퓨터학원(서구 가수원동 656-47번지 3층)
경성컴퓨터학원(서구 갈마2동 1408번지 2층)
경남컴퓨터학원(서구 도마동 경남(아)상가 301호)
둔산컴퓨터학원(서구 탄방동 734 3층)
로얄컴퓨터학원(유성구 반석동 639-4번지 웰빙타운 602호)
자운컴퓨터학원(유성구 신성동 138-8번지)
오원컴퓨터학원(중구 대흥동 205-2 4층)
계룡컴퓨터학원(중구 문화동 374-5)
제일정보처리학원(중구 은행동 139-5번지 3층)

[광주광역시]

태봉컴퓨터전산학원(북구 운암동 117-13)
광주서강컴퓨터학원(북구 동림동 1310)
다음정보컴퓨터학원(광산구 신창동 1125-3 건도빌딩 4층)
광주중앙컴퓨터학원(북구 문흥동 999-3)
국제정보처리학원(북구 중흥동 279-60)
굿아이컴퓨터학원(북구 용봉동 1425-2)
나라정보처리학원(남구 진월동 438-3 4층)
두암컴퓨터학원(북구 두암동 602-9)
디지털국제컴퓨터학원(동구 서석동 25-7)
매곡컴퓨터학원(북구 매곡동 190-4)
사이버컴퓨터학원(광산구 운남동 387-37)
상일컴퓨터학원(서구 상무1동 147번지 3층)
세종컴퓨터전산학원(남구 봉선동 155-6 5층)
송정중앙컴퓨터학원(광산구 송정2동 793-7 3층)
신한국컴퓨터학원(광산구 월계동 899-10번지)
에디슨컴퓨터학원(동구 계림동 85-169)
엔터컴퓨터학원(광산구 신가동1012번지 우미아파트상가 2층 201호)

염주컴퓨터학원(서구 화정동 1035 2층)
영진정보처리학원(서구 화정2동 신동아아파트 상가 3층 302호)
이지컴퓨터학원(서구 금호동 838번지)
일류정보처리학원(서구 금호동 741-1 시영1차아파트 상가 2층)
조이컴정보처리학원(서구 치평동 1184-2번지 골든타운 304호)
중앙컴퓨터학원(서구 화정2동 834-4번지 3층)
풍암넷피아정보처리학원(서구 풍암 1123 풍암빌딩 6층)
하나정보처리학원(북구 일곡동 830-6)
양산컴퓨터학원(북구 양산동 283-48)
한성컴퓨터학원(광산구 월곡1동 56-2)

[부산광역시]

신흥정보처리학원(사하구 당리동 131번지)
경원전산학원(동래구 사직동 45-37)
동명정보처리학원(남구 용호동 408-1)
메인컴퓨터학원(사하구 괴정4동 1119-3 희망빌딩 7층)
미래컴퓨터학원(사상구 삼락동 418-36)
미래컴퓨터학원(부산진구 가야3동 301-8)
보성정보처리학원(사하구 장림2동 1052번지 삼일빌딩 2층)
영남컴퓨터학원(기장군 기장읍 대라리 97-14)
우성컴퓨터학원(사하구 괴정동 496-5 대원스포츠 2층)
중앙IT컴퓨터학원(북구 만덕2동 282-5번지)
하남컴퓨터학원(사하구 신평동 590-4)
다인컴퓨터학원(사하구 다대1동 933-19)
자유컴퓨터학원(동래구 온천3동 1468-6)
영도컴퓨터전산회계학원(영도구 봉래동3가 24번지 3층)
동아컴퓨터학원(사하구 당리동 303-11 5층)
동원컴퓨터학원(해운대구 재송동)
문현컴퓨터학원(남구 문현동 253-11)
삼성컴퓨터학원(북구 화명동 2316-1)

[대구광역시]

새빛캐드컴퓨터학원(달서구 달구벌대로 1704 삼정빌딩 7층)
해인컴퓨터학원(북구 동천동 878-3 2층)
셈틀컴퓨터학원(북구 동천동 896-3 3층)
대구컴퓨터캐드회계학원(북구 국우동 1099-1 5층)
동화컴퓨터학원(수성구 범물동 1275-1)
동화회계캐드컴퓨터학원(수성구 달구벌대로 3179 3층)
세방컴퓨터학원(수성구 범어1동 371번지 7동 301호)
네트컴퓨터학원(북구 태전동 409-21번지 3층)
배움컴퓨터학원(북구 복현2동 340-42번지 2층)
윤성컴퓨터학원(북구 복현동 200-1번지)
명성탑컴퓨터학원(북구 침산2동 295-18번지)
911컴퓨터학원(달서구 달구벌대로 1657 4층)
메가컴퓨터학원(수성구 신매동 267-13 3층)
테라컴퓨터학원(수성구 달구벌대로 3090)

[울산광역시]

엘리트정보처리세무회계(중구 성남동 청송빌딩 2층~6층)

경남컴퓨터학원(남구 신정 2동 명성음악사3,4층)

다운컴퓨터학원(중구 다운동 776-4번지 2층)

대송컴퓨터학원(동구 대송동 174-11번지 방어진농협 대송지소 2층)

명정컴퓨터학원(중구 태화동 명정초등 BUS 정류장 옆)

크린컴퓨터학원(남구 울산병원근처-신정푸르지오 모델하우스 앞)

한국컴퓨터학원(남구 옥동 260-6번지)

한림컴퓨터학원(북구 봉화로 58 신화프라자 301호)

현대문화컴퓨터학원(북구 양정동 523번지 현대자동차문화회관 3층)

인텔컴퓨터학원(울주군 범서면 굴화리 49-5 1층)

대림컴퓨터학원(남구 신정4동 949-28 2층)

미래정보컴퓨터학원(울산시 남구 울산대학교앞 바보사거리 GS25 5층)

서진컴퓨터학원(울산시 남구 달동 1331-13 2층)

송샘컴퓨터학원(동구 방어동 281-1 우성현대 아파트상가 2, 3층)

에셋컴퓨터학원(북구 천곡동 410-6 아진복합상가 310호)

연세컴퓨터학원(남구 무거동 1536-11번지 4층)

홍천컴퓨터학원(남구 무거동(삼호동)1203-3번지)

IT컴퓨터학원(동구 화정동 855-2번지)

THC정보처리컴퓨터(울산시 남구 무거동 아이컨셉안경원 3, 4층)

TOPCLASS컴퓨터학원(울산시 동구 전하1동 301-17번지 2층)

[경기도]

샘물컴퓨터학원(여주군 여주읍 상리 331-19)

인서울컴퓨터디자인학원(안양시 동안구 관양2동 1488-35 골드빌딩 1201호)

경인디지털컴퓨터학원(부천시 원미구 춘의동 116-8 광덕프라자 3층)

에이팩스컴퓨터학원(부천시 원미구 상동 533-11 부건프라자 602호)

서울컴퓨터학원(부천시 소사구 송내동 523-3)

천재컴퓨터학원(부천시 원미구 심곡동 344-12)

대신IT컴퓨터학원(부천시 소사구 송내2동 433-25)

상아컴퓨터학원(부천시 소사구 괴안동 125-5 인광빌딩 4층)

우리컴퓨터전산회계디자인학원(부천시 원미구 심곡동 87-11)

좋은컴퓨터학원(부천시 소사구 소사본3동 277-38)

대명컴퓨터학원(부천시 원미구 중1동 1170 포도마을 삼보상가 3층)

한국컴퓨터학원(용인시 기흥구 구갈동 383-3)

삼성컴퓨터학원(안양시 만안구 안양1동 674-249 삼양빌딩 4층)

나래컴퓨터학원(안양시 만안구 안양5동 627-35 5층)

고색정보컴퓨터학원(수원시 권선구 고색동 890-169)

셀파컴퓨터회계학원(성남시 중원구 금광2동 4359 3층)

탑에듀컴퓨터학원(수원시 팔달구 팔달로2가 130-3 2층)

새빛컴퓨터학원(부천시 오정구 삼정동 318-10 3층)

부천컴퓨터학원(부천시 원미구 중1동 1141-5 다운타운빌딩 403호)

경원컴퓨터학원(수원시 영통구 매탄4동 성일아파트상가 3층)

하나탑컴퓨터학원(광명시 광명6동 374-10)

정수천컴퓨터학원(가평군 석봉로 139-1)

평택비트컴퓨터학원(평택시 비전동 756-14 2층)

[전라북도]

전주컴퓨터학원(전주시 완산구 삼천동1가 666-6)

세라컴퓨터학원(전주시 덕진구 우아동)

비트컴퓨터학원(전북 남원시 왕정동 45-15)

문화컴퓨터학원(전주시 덕진구 송천동 1가 480번지 비사벌빌딩 6층)

등용문컴퓨터학원(전주시 완산구 풍남동1가 15-6번지)

미르컴퓨터학원(전주시 덕진구 인후동1가 857-1 새마을금고 3층)

거성컴퓨터학원(군산시 명산동 14-17 반석신협 3층)

동양컴퓨터학원(군산시 나운동 487-9 SK5층)

문화컴퓨터학원(군산시 문화동 917-9)

하나컴퓨터학원(전주시 완산구 효자동1가 518-59번지 3층)

동양인터넷컴퓨터학원(전주시 완산구 삼천동1가 288-9번 203호)

골든벨컴퓨터학원(전주시 완산구 평화2동 893-1)

명성컴퓨터학원(군산시 나운1동792-4)

다울컴퓨터학원(군산시 나운동 667-7번지)

제일컴퓨터학원(남원시 도통동 583-4번지)

뉴월드컴퓨터학원(익산시 부송동 762-1 번지 1001안경원 3층)

젬컴퓨터학원(군산시 문화동 920-11)

문경컴퓨터학원(정읍시 연지동 32-11)

유일컴퓨터학원(전주시 덕진구 인후동 안골사거리 태평양약국 2층)

빌컴퓨터학원(군산시 나운동 809-1번지 라파빌딩 4층)

김상미컴퓨터학원(군산시 조촌동 903-1 시영아파트상가 2층)

아성컴퓨터학원(익산시 어양동 부영1차아파트 상가동 202호)

민컴퓨터학원(전주시 완산구 서신동 797-2번지 청담빌딩 5층)

제일컴퓨터학원(익산시 어양동 643-4번지 2층)

현대컴퓨터학원(익산시 동산동 1045-3번지 2층)

이지컴퓨터학원(군산시 동흥남동 404-8 1층)

비전컴퓨터학원(익산시 동산동 607-4)

청어람컴퓨터학원(전주시 완산구 평화동2가 890-5 5층)

정컴퓨터학원(전주시 완산구 삼천동1가 592-1)

영재컴퓨터학원(전라북도 완주군 삼례읍 삼례리 923-23)

탑스터디컴퓨터학원(군산시 수송로 119 은하빌딩 3층)

[전라남도]

한성컴퓨터학원(여수시 문수동 82-1번지 3층)

[경상북도]

현대컴퓨터학원(경북 칠곡군 북삼읍 인평리 1078-6번지)

조은컴퓨터학원(경북 구미시 형곡동 197-2번지)

옥동컴퓨터학원(경북 안동시 옥동 765-7)

청어람컴퓨터학원(경북 영주시 영주2동 528-1)

21세기정보처리학원(경북 영주시 휴천2동 463-4 2층)

이지컴퓨터학원(경북 경주시 황성동 472-44)

한국컴퓨터학원(경북 상주시 무양동 246-5)

예일컴퓨터학원(경북 의성군 의성읍 중리리 714-2)

김복남컴퓨터학원(경북 울진군 울진읍 읍내4리 520-4)

유성정보처리학원(경북 예천군 예천읍 노하리 72-6)

제일컴퓨터학원(경북 군위군 군위읍 서부리 32-19)

미림-엠아이티컴퓨터학원(경북 포항시 북구 장성동 1355-4)

가나컴퓨터학원(경북 구미시 옥계동 631-10)

엘리트컴퓨터외국어스쿨학원(경북 경주시 동천동 826-11번지)

송현컴퓨터학원(안동시 송현동 295-1)

[경상남도]

송기웅전산학원(창원시 진해구 석동 654-3번지 세븐코아 6층 602호)

빌게이츠컴퓨터학원(창원시 성산구 안민동 163-5번지 풍전상가 302호)

예일학원(창원시 의창구 봉곡동 144-1 401~2호)

정우컴퓨터전산회계학원(창원시 성산구 중앙동 89-3)

우리컴퓨터학원(창원시 의창구 도계동 353-13 3층)

웰컴퓨터학원(김해시 장유면 대청리 대청프라자 8동 412호)

이지컴스쿨학원(밀양시 내이동 북성로 71 3층)

비사벌컴퓨터학원(창녕군 창녕읍 말흘리 287-1 1층)

늘샘컴퓨터학원(함양군 함양읍 용평리 694-5 신협 3층)

도울컴퓨터학원(김해시 삼계동 1416-4 2층)

[제주도]

하나컴퓨터학원(제주시 이도동)

탐라컴퓨터학원(제주시 연동)

클릭컴퓨터학원(제주시 이도동)

[강원도]

엘리트컴퓨터학원(강릉시 교1동 927-15)

권정미컴퓨터교습소(춘천시 춘천로 316 2층)

형제컴퓨터학원(속초시 조양동 부영아파트 3동 주상가 305-2호)

강릉컴퓨터교육학원(강릉시 임명로 180 3층 301호)